文成天縱

山海經

續宋本叢書

〔晋〕郭璞 注

广西师范大学出版社
GUANGXI NORMAL UNIVERSITY PRESS
·桂林·

山海經
SHANHAIJING

出版統籌：湯文輝
出 品 人：喬祥飛
特邀編審：徐　蜀
責任編輯：周衛平
助理編輯：姜　偉
責任技編：王增元
書籍設計：田　潔

圖書在版編目（CIP）數據

山海經 : 繁體 / （晋）郭璞注. -- 影印本. -- 桂林 : 廣西師範大學出版社，2023.7
（續宋本叢書）
ISBN 978-7-5598-6110-8

Ⅰ. ①山… Ⅱ. ①郭… Ⅲ. ①《山海經》－通俗讀物 Ⅳ. ①K928.626-49

中國國家版本館 CIP 數據核字（2023）第 105127 號

廣西師範大學出版社出版發行
（廣西桂林市五里店路 9 號　郵政編碼：541004
網址：http://www.bbtpress.com）
出版人：黄軒莊
全國新華書店經銷
三河弘翰印務有限公司印刷
（河北省三河市黄土莊鎮二百户村北　郵政編碼：065200）
開本：889 mm × 1 194 mm　1/16
印張：19.75　　　字數：316 千
2023 年 7 月第 1 版　　　2023 年 7 月第 1 次印刷
定價：990.00 元

出版説明

《山海經》十八卷，晋郭璞注，明成化六年（一四七〇）北京國子監刻本。版框高二十點六厘米，寬十三點〇厘米。開本高二十八點七厘米，寬十六點二厘米。每半葉九行，行十八至二十字不等，小字雙行同，黑口，四周雙邊。全帙二册。

郭璞（二七六—三二四），字景純，河東聞喜（今山西省運城市聞喜縣）人。兩晋時期著名文學家、訓詁學家，建平太守郭瑗之子。璞好經術，博學有高才，通古文奇字，長於陰陽、曆算、卜筮之術。東晋初爲著作佐郎，後爲王敦記室參軍。敦欲謀反，命其卜筮，璞謂其必敗，爲敦所殺。王敦平，追贈弘農太守。璞於古文字學、訓詁學造詣頗深，嘗注釋《周易》《山海經》《爾雅》《方言》《楚辭》《穆天子傳》等書。

《山海經》是一部富於神話傳説色彩的地理書，由戰國初至漢初不同時期的作者集體創作而成。是書集古代地理、物産、神話、巫術、宗教於一身，保存了古史、醫藥、民俗、民族等方面的内容，有『中國上古百科全書』之稱。《漢書·藝文志》著録劉歆校定《山海經》爲十八篇，郭璞增入《大荒經》等數篇，總二十三篇，並作注，增圖，改篇爲卷。璞書早佚，現存世最早的《山海經》，係南宋尤袤整理、刊刻的池陽郡齋刻本。

宋紹興辛未（一一五一），尤袤開始搜集、整理散存於世的《山海經》舊本，歷經三十年，於淳熙七年（一一八〇）殺青定稿。此即國家圖書館所藏宋淳熙七年池陽郡齋刻本《山海經》（書號八二七二）。尤袤於書後作序謂：『始予得京都舊印本三卷，頗疏略。繼得道藏本，南山、東山經各自爲一卷，西山、北山各分爲上、下兩卷，中山爲上、中、下三卷，別以中山東北爲一卷，海外南、海外東北、海内西南、海内東北、大荒東南、大荒西、大荒北、海内經，總爲十八卷。雖編簡號爲均一，而篇目錯亂不齊。

晚得劉歆所定書，其南、西、北、東及中山，號五藏經，爲五篇，其文最多。海內、海外、大荒三經，南、西、北、東各一篇，并海内經一篇，亦總十八篇。多者十餘簡，少者三二簡，雖若卷帙不均，而篇次整比最古，遂爲定本。予自紹興辛未至今三十年，所見無慮十數本，參校得失，於是稍無舛訛，可繕寫。……淳熙庚子仲春八日，梁谿尤袤題。』今傳郭注《山海經》作十八卷，卷次亦如所述者，即爲尤袤所定之本。

需要指出的是，國家圖書館藏宋刻《山海經》，尤袤後序已佚，但被國圖藏毛扆校跋之明刻本《山海經》（書號一二二七四）保存了下來。毛校本《山海經》，版框高二十點五厘米，寬十二點九厘米，每半葉九行，行十八字。黑口，四周雙邊。第一、二册，有題簽云『從尤延之宋本校正』。第三册題簽云：『《山海經》，從尤延之宋本校正。影寫尤延之跋，并文三橋跋。』文三橋跋謂：『己亥六月既望，獲觀《山海經》於沈辨之有竹莊。後有尤延之跋尾，叙之甚詳。古書之流傳於世，日漸散落，而新刻又多舛謬，能不爲之三嘆！文彭。』

書中毛扆跋曰：『《山海經》嚮無善本，于泰興季氏見宋刻三册，係尤延之校刊者，槜李項氏故物也。有文三橋跋。滄葦殁後，其書散爲雲烟。後聞歸于昆山徐氏，無由得見。近爲郡友所購，隨與借校。板心分上、中、下，其尤序、文跋亦影寫之，行數、葉數皆鈎以識之。他日從此録出，亦可稱善本矣。』毛扆所記宋本《山海經》卷次、行款、版式與國圖藏版本相同，但二者並非一書（前者爲項元汴、季振宜遞藏，後者先後爲汪士鐘、海源閣、周叔弢所藏），國圖本佚失尤袤後序。在國圖藏宋刻《山海經》已成孤帙的情況下，毛校本影寫的尤袤後序，爲厘清《山海經》版本的頭緒，立下了汗馬功勞。

《四部叢刊》初編曾影印《山海經》，底本題『上海涵芬樓借江安傅氏雙鑑樓藏明成化戊子刊本景印』。一九二〇年商務印書館發布的《四部叢刊》目録，亦謂《山海經》『江安傅氏雙鑑樓藏明成化戊子邢讓刊本』，成化戊子即成化四年（一四六八）。影印本牌記同。然商務印書館一九二六年重印《四部叢刊》，發布的《四部叢刊書録》（預約），改爲『江安傅氏雙鑑樓藏明成化庚寅刊本』，並解釋説：『序後有成化戊子邢讓刻書識語五行，表後又有成化庚寅陳鑑題云：「國學新刊《山海經》卷葉殽混，行列牽聯，尚多訛舛。今手爲編校，以便檢閲。」則此爲成化庚寅刊正監學本矣。卷中多重葉，殆校正時所補。』成化庚寅即成化六年（一四七〇）。

經查，《藏園群書經眼録》、一九五九年版《北京圖書館善本書目》、《中國版刻圖録》、一九八七年版《北京圖書館古籍善本書目》、《中國古籍善本書目》等，均將該本《山海經》著録爲明成化四年刻本。究其原因：傅增湘所藏《山海經》一九一八年得於蟫隱廬，書前没有郭璞之序及邢讓、陳鑑識語，『成化四年刻本』之説，或源於賣家舊目，遂以訛傳訛至今。此書後入藏國家圖書館（書號一一三五四）。

問題是，《四部叢刊》初編所收《山海經》，郭序及邢讓、陳鑑識語俱全，爲何對陳鑑成化六年的識語視而不見，仍依傅增湘成化四年之説呢？答案是，影印本面世之前，張元濟得到了該書的全本，補齊了所缺内容，但忘記更改書目和牌記的刊刻時間。此後商務印書館重印時，將牌記中的版本年代更正爲成化六年。

此次影印所用底本爲上海圖書館藏明成化六年北京國子監刻本，書號〇二〇一。潘承弼、顧廷龍編纂，上海開明書店一九四一年出版的《明代版本圖録初編》，收録了此本《山海經》，著録曰『明成化六年庚寅國子監刊本』，並附卷一卷端及陳鑑成化庚寅識語書影各一幅。鈐『季振宜字詵兮號滄葦』『杭州葉氏藏書』『景葵所得善本』『合衆圖書館藏書印』等印，曾經季振宜、葉景葵遞藏，後入合衆圖書館。合衆圖書館全稱『上海市私立合衆圖書館』，由葉景葵、張元濟、陳陶遺等聯合創辦。一九五三年六月，合衆圖書館被捐獻給上海市人民政府。後更名爲歷史文獻圖書館，併入上海圖書館。《四部叢刊》影印《山海經》時，所缺之葉即用此本配補。

國家圖書館藏《山海經》明刻毛扆校跋本，行款與上圖本同，但差异明顯。例如上圖本序第三葉下半葉第三至九行無欄格，手書上版邢讓題識，毛扆本則欄格齊全，無邢讓題識。上圖本《進書表》第二葉下半葉爲陳鑑識語，毛扆本無。上圖本卷四開始爲『東經第四』；毛扆本則爲『東山經第四』等。細審之下，毛扆本當爲國子監本的翻刻本。經比對，國圖所藏『明國子監本』《山海經》，目録前無序及邢讓題識；《進書表》後僅有欄格，亦無陳鑑識語，與毛扆校本相同，究爲國子監本或翻刻本，尚且存疑。據此，上圖本《山海經》很可能是明國子監刻本的存世孤帙，具有極高的版本與文獻價值。

此次影印，我們將尤袤跋補印在第十八卷後，以方便讀者使用。同時我們還對此書進行了校勘工作。由於上圖本來源於另一部宋本，正好可以校補國圖藏宋本的殘缺之字，校勘以上海圖書館藏明刻本爲底本，校國家圖書館藏宋淳熙七年刻本。現共補定殘缺文字六十餘處，纍計一百三十餘個字：

序第一葉下半葉第六行『怪所不可怪則未始有可怪也』，宋本殘缺『怪則』二字；第七行『則理無不然矣』，宋本殘缺『無』字。

序第二葉第三行『金膏燭銀之寶』，宋本殘缺『寶』字；第四行『右服盗驪左驂騄耳』，宋本『驂』字殘損不可辨；第九行『巡狩見西王母』，宋本殘缺『見』字；下半葉第一行『欲肆其心』，宋本殘缺『其心』二字。

序第三葉第一行『曲盡幽情神焉』，宋本殘缺『盡幽』二字；第二行『雖暫顯於漢』，宋本殘缺『雖』字。

山海經上：

卷一第四葉第八行『佩之宜子孫』，宋本殘缺『子孫』二字。

卷一第五葉第七行『又東三百里曰青丘之山』，宋本原無『百』字；下半葉第三行『其中多赤鱬音懦』，宋本殘缺『音懦』二字。

卷一第九葉第二行注『一在頂上一在額上』，宋本殘缺『頂上一』三字；第三行注『好嗷棘』，宋本殘缺『棘』字；下半葉第五行注『或作喪』，宋本『喪』字殘損不可辨。

卷一第十葉第五行注『臒赤色者或曰臒美丹也』，宋本殘缺『色者或』『也』四字。

卷二第十二葉第六行『其草多條其狀如葵』，宋本殘缺『如葵』二字；第七行『符禺之水出焉』，宋本殘缺『出焉』二字。

卷二第十三葉下半葉第二至三行『名曰毫彘狟猪也』，宋本殘缺『彘狟猪』三字。

卷二第十四葉下半葉第七行『漢水出焉』，宋本殘缺『水出焉』三字；第八行『北流注於湯水』，宋本殘缺『湯』字。

卷二第十六葉第四行『有鳥焉其狀如鴞』，宋本殘缺『鳥焉』二字；第五行注『鸚䳇舌似小兒舌脚指前後各两』，宋本殘缺『舌似小』『指前』五字。

卷二第十七葉第八行『多白蛇』，宋本殘缺『白蛇』二字。

卷二第十八葉下半葉第一至二行『其下多赤銅有獸焉』，宋本殘缺『銅有獸』三字。

卷二第十九葉下半葉第五行『七神皆人面牛身』，宋本殘缺『面牛』二字；第六行『其祠之毛用少牢』，宋本殘缺『毛用』二字。

卷二第二十葉下半葉第九行『丹水出焉西流注于稷澤』，宋本殘缺『注于』二字。

卷二第二十一葉第一行『沸沸湯湯』，宋本殘缺『沸湯』二字。

卷二第二十二葉第三行注『赤豹白虎白鳥』，宋本殘缺『虎白鳥』三字。

卷二第二十三葉第七至八行注『天帝都邑之在下者也』，宋本殘缺『都邑之』『者』四字。

卷二第二十四葉下半葉第一行『魚』，宋本殘缺『魚』字；第二至三行『神長乘司之』，宋本殘缺『神長乘』三字。

卷二第二十五葉下半葉第七行『萬物無不有焉』，宋本殘缺『有』字。

卷二第二十八葉第二行『其祠之禮』，宋本殘缺『之禮』二字。

卷二第二十九葉第五行『其獸多白狼白虎』，宋本殘缺『獸多』二字。

卷二第三十一葉第八行『食之已癉』，宋本殘缺『已癉』二字。

卷三第三十二葉第二行注『机木似榆可燒以糞稻田』，宋本『糞』字殘損不可辨。

卷三第三十三葉第三行『多青雄黃一作多青碧』，宋本殘缺『黃一作多青碧』六字；第四至五行『西流注于河』，宋本殘缺『注于』二字。

卷三第三十五葉下半葉第二行注『說者云長百尋今蝮蛇』，宋本殘缺『者云長』『蝮』四字。

卷三第三十六葉下半葉第五行『囂水出焉而西北流注于海』，宋本殘缺『焉而』二字。

卷三第三十九葉第一行注『狍音咆』，宋本殘缺『狍音』二字。

卷三第四十二葉下半葉第二行注『龍門未辟呂梁未鑿』，宋本殘缺『辟呂梁』三字。

卷三第四十三葉下半葉第四行『其下多竹有鳥焉』，宋本殘缺『鳥焉』二字；第五行『食之不妬』，宋本殘缺『妬』字。

卷三第四十七葉第五至六行『其陰有鐵而無水』，宋本殘缺『鐵而無』三字。

卷四第五十葉下半葉第七行『嶧皋之水出焉』，宋本殘缺『嶧』字。

卷四第五十二葉下半葉第五行『其國多狡客』，宋本『多』字殘損不可辨。

卷四第五十三葉第三行『音婉其鳴自訆』，宋本殘缺『婉其鳴』三字。

山海經下：

卷五第一葉下半葉第五行『黑青黃堊』，宋本『堊』字殘損不可辨。

卷五第十一葉下半葉第三行『其中多鳴石晉永康元年』，宋本『晉永康』三字殘損不可辨；同行注『色青撞之聲聞七八里』，宋本『撞』字殘損不可辨；同行注『今零陵泉陵縣』，宋本『今零陵』『陵』四字殘損不可辨識；第四行注『狀如鼓俗因名爲石鼓』，宋本『爲石』二字殘損不可辨。

卷五第二十葉第七行『其上多白珉其下多洗石』，宋本『珉』『洗』二字殘損不可辨。

卷五第二十九葉下半葉第四行注『未聞魚脆反』，宋本『未』字殘損不可辨。

卷五第三十葉第三行注『或作磨』，宋本『磨』字殘損不可辨；下半葉第六行『其草多香』，宋本『香』字殘損不可辨。

卷六第三十八葉下半葉第九行注『鵪夂鵧鷅之屬』，宋本『鵧』『屬』二字殘損不可辨。

卷七第四十二葉第六行注『天下有道飛黃伏皂』，宋本殘缺『皂』字。

卷八第四十三葉第八行注『淮南子曰龍身一足』，宋本殘缺『一』字。

卷十二第五十八葉第九行注『朝鮮今樂浪縣箕子所封也』，宋本殘缺『箕』字。

卷十五第七十二葉第五行注『射殺之也』，宋本殘缺『之』字。

卷十七第八十二葉下半葉第二行『依姓食黍』，宋本『依』字殘損不可辨。

卷十八第八十八葉第二行『乘鼇生後照後照是始爲巴人』，宋本『照後照是始』五字殘損不可辨；下半葉第六行『有菌山音芝菌』，宋本殘缺『芝』字。

卷十八第八十九葉下半葉第二行『有大幽之國即幽民也』，宋本『即幽』二字殘損不可辨。

由於水平有限，如有不妥及紕漏之處，請大家批評指正。本書的編校工作得到了徐蜀先生的大力支持與幫助，謹致謝忱！

廣西師範大學出版社北京文獻出版中心

二〇二三年二月

山海經序

世之覽山海經者皆以其閎誕迂誇多奇怪俶儻之言莫不疑焉嘗試論之曰莊生有云人之所知莫若其所不知吾於山海經見之矣夫以宇宙之寥廓群生之紛紜陰陽之煦蒸萬殊之區分精氣渾淆自相濆薄遊魂靈怪觸像而構流形於山川麗狀於木石者惡可勝言乎然則總其所以乖鼓之於一響成其所以變混之於一象世之所謂異未知其所以異世之所謂不異未知其所以不異何者物不自異待我

而後異異果在我非物異也故胡人見布而疑黂越
人見罽而駭毳夫翫所習見而奇所希聞此人情之
常蔽也今略舉可以明之者陽火出於氷水陰鼠生
於炎山而俗之論者莫之或怪及談山海經所載而
咸怪之是不怪所可怪而怪所不可怪也不怪所可
怪則幾於無怪矣怪所不可怪則未始有可怪也夫
能然所不可不可所不可然則理無不然矣按汲郡
竹書及穆天子傳穆王西征見西王母執璧帛之好
獻錦組之屬穆王享王母于瑤池之上賦詩往來辭

義可觀遂襲崑崙之丘遊軒轅之宮眺鍾山之嶺玩
帝者之寶勒石王母之山紀跡玄圃之上乃取其嘉
木豔草奇鳥怪獸玉石珍瑰之器金膏燭銀之寶歸
而殖養之於中國穆王駕八駿之乘右服盜驪左驂
騄耳造父為御奔戎為右萬里長騖以周歷四荒名
山大川靡不登濟東升大人之堂西燕王母之廬南
轢黿鼉之梁北躡積羽之衢窮歡極娛然後旋歸按
史記說穆王得盜驪騄耳驊騮之驥使造父御之以
西巡狩見西王母樂而忘歸亦與竹書同左傳曰穆

王欲肆其心使天下皆有車轍馬跡焉竹書所載則是其事也而譙周之徒足爲通識瑰儒而雅不平此驗之史考以著其妄司馬遷敘大宛傳亦云自張騫使大夏之後窮河源惡覩所謂崑崙者乎至禹本紀山海經所有怪物余不敢言也不亦悲乎若竹書不潛出於千載以作徵於今日者則山海之言其幾乎廢矣若乃東方生曉畢方之名劉子政辨盜械之尸王頎訪兩面之客海民獲長臂之衣精驗潛效絕代懸符於戲群惑者其可以少寤乎是故聖皇原化以

極變象物以應怪鑒無滯賾曲盡幽情神焉廋哉神焉廋哉蓋此書跨世七代歷載三千雖暫顯於漢而尋亦寢廢其山川名號所在多有舛謬與今不同師訓莫傳遂將湮泯道之所存俗之所喪悲夫余有懼焉故為之創傳疏其壅閡闢其茀蕪領其玄致標其洞涉庶幾令逸文不墜于世奇言不絕於今夏后之迹靡刊於將來八荒之事有聞於後不亦可乎夫蘙薈之翔叵以論垂天之淩蹄涔之遊無以知絳虬之騰鈞天之庭豈伶人之所躡無航之津豈蒼兕之

所涉非天下之至通難與言山海之義矣嗚呼達觀
博物之客其鑒之哉

監學令刻郭璞註山海經
寘諸公庫摹印流傳永為
士大夫博學之助成化戊子
夏五月朔列大夫國子祭酒
寧陵邢讓等謹誌

山海經目總十八卷

本三萬九百十九字注二萬三百五十字總五萬一千二百六十九字

海內經第十八 本一千一百十一字注九百六十七字此海內經及大荒經本皆逸在外

侍中奉車都尉光祿大夫臣秀領校秘書言校祕書太常屬臣望所校山海經凡三十二篇今定為一十八篇已定山海經者出於唐虞之際昔洪水洋溢漫衍中國民人失據崎嶇於丘陵巢於樹木鯀既無功而帝堯使禹繼之禹乘四載隨山刊木定高山大川蓋與伯翳主驅禽獸命山川類草木別水土四嶽佐之以周四方逮人跡之所希至及舟輿之所罕到內別五方之山外分八方之海紀其珍寶奇物異方之

所生水土草木禽獸昆蟲麟鳳之所止禎祥之所隱及四海之外絕域之國殊類之人禹別九州任土作貢而益等類物善惡著山海經皆賢聖之遺事古文之著明者也其事質明有信孝武皇帝時嘗有獻異鳥者食之百物所不肯食東方朔見之言其鳥名又言其所當食如朔言問朔何以知之即山海經所出也孝宣皇帝時擊磻石於上郡陷得石室其中有反縛盜械人時臣秀父向為諫議大夫言此貳負之臣也詔問何以知之亦以山海經對其文曰貳負殺窫

窳帝乃梏之䟽屬之山桎其右足反縛兩手上大驚
朝士由是多奇山海經者文學大儒皆讀學以爲奇
可以考禎祥變怪之物見遠國異人之謠俗故易曰
言天下之至賾而不可亂也博物之君子其可不惑
焉臣秀昧死謹上

國學新刻山海經卷帙殽混行
列牽聯尚多譌舛
閣老藍先生嘗是正之子手爲編
校以便檢閱若夫正所未正猶有
望於博雅君子
成化庚寅春正月穀旦後學古
吳陳鑑緝熙識

南山經第一

郭氏傳

南山經之首曰䧿山其首曰招搖之山臨于西海之上在蜀伏山山南之西頭濱西海也多桂桂葉似枇杷長二尺餘廣數寸味辛白花叢生山峯冬夏常青間無雜木呂氏春秋曰招搖之桂多金玉有草焉其狀如韭璨曰韭音九爾雅云霍山亦多之而青花其名曰祝餘或作桂荼食之不飢有木焉其狀如穀而黑理穀楮也皮作紙璨曰穀亦名構名穀者以其實如穀也其花四照言有光燄也若木華赤其光照地亦此類也見離騷經其名曰迷穀佩之不迷有

獸焉其狀如禺而白耳禺似獼猴而大赤目長尾今江南山中多有說者不了此物名禺作牛字圖亦作牛形或作猴皆失之也禺字音遇伏行人走其名曰狌狌食之善走生生禺獸狀如猿伏行交足亦此類也見京房易麗麐之水出焉麐音作几而西流注于海其中多育沛未詳佩之無瘕疾瘕蟲病也

又東三百里曰堂一作常庭之山多棪木棪別名連其子似柰而赤可食音剡多白猿今猿似獼猴而大臂脚長便捷色有黑有黃鳴其聲哀多水玉水玉今水精也相如上林賦曰水玉磊砢赤松子所服見列仙傳多黃

金

又東三百八十里曰猨翼之山其中多怪獸水多怪魚凡言怪者皆謂皃狀倔奇不常也尸子曰徐偃王好怪沒深水而得怪魚入深山而得怪獸者多列於庭多白玉多腹虫腹虫色如綬文鼻上有鍼大者百餘斤一名反鼻虫古虺字多怪蛇多怪木不可以上

又東三百七十里曰杻陽之山音紐其陽多赤金銅也其陰多白金銀也見爾雅山南為陽山北為陰有獸焉其狀如馬而白首其文如虎而赤尾其音如謠如人歌聲其名曰鹿蜀佩之宜子孫佩謂帶其皮尾怪水出焉而東流注于憲翼之水其中多玄龜其狀如龜而

鳥首虺尾（虺尾銳尾）其名曰旋龜其音如判木（如破木聲）佩之不聾可以為底（底躪也為猶治也外傳曰疾不可為一作底猶病愈也）

東三百里柢山（音蔕）多水無草木有魚焉其狀如牛陵居蛇尾有翼其羽在魼下（亦作脅）其音如留牛（莊子曰執犛之狗謂此牛也穋天子傳曰天子之狗執虎豹）其名曰鯥（音六）冬死而夏生（此亦蟄類也謂之死者言其蟄無所知如死耳）食之無腫疾

又東四百里曰亶爰之山（亶音蟬）多水無草木不可以上（言崇峭也）有獸焉其狀如狸而有髦其名曰類（類或作沛髦或作髮）自為牝牡食者不妬（莊子亦曰類自為雌雄而

化今貆猪亦自為雌雄

又東三百里曰基山其陽多玉其陰多怪木有獸焉其狀如羊九尾四耳其目在背其名曰猼訑傅施二音施一作陁佩之不畏不知恐畏有鳥焉其狀如雞而三首六目六足三翼其名曰䳜鵂䳜鵂急性敞孚二音食之無卧使人少眠

又東三百里曰青丘之山亦有青丘國在海外水經云即上林賦云秋田於青丘其陽多玉其陰多青雘雘黝屬音瓠有獸焉其狀如狐而九尾即九尾狐其音如嬰兒能食人食者不蠱噉其肉令人不

（逢妖邪之氣或曰蠱蠱毒）有鳥焉其狀如鳩其音若呵（如人相呵呼聲）名
曰灌灌（或作濩濩）佩之不惑英水出焉南流注于即翼之
澤其中多赤鱬（音懦）其狀如魚而人面其音如鴛鴦食
之不疥（一作疾）
又東三百五十里曰箕尾之山其尾踆于東海多沙
石（踆古蹲字言臨海上音存）汸水出焉（音芳）而南流注于淯（音育）其中
多白玉凡䧿山之首自招搖之山以至箕尾之山凡
十山一千九百五十里其神狀皆鳥身而龍首其祠
之禮毛（言擇牲取其毛色也周官曰陽祀用騂牲之毛）用一璋玉瘞（半圭為璋瘞埋）

也糈用稌米糈祀神之米名先呂反今江東音所音壻稌稌稻也他覩反糈或作疏非也一壁稻米白菅為席菅茅屬也音間

南次二經之首曰柜山音矩西臨流黃北望諸毗東望長右皆山名英水出焉西南流注于赤水其中多白玉尸子曰水方折者有玉貟折者有珠多丹粟細丹沙如粟也有獸焉其狀如豚有距其音如狗吠其名曰狸力見則其縣多土功有鳥焉其狀如鴟而人手其腳如人手鴟音處脂反其音如痺未詳其名曰鴸音株其鳴自號也見則其縣多放士放放逐或作效也

東南四百五十里曰長右之山無草木多水有獸焉

其狀如禺而四耳其名長右以山出此獸因以名之其音如吟如人呻吟聲見則郡縣大水

又東三百四十里曰堯光之山其陽多玉其陰多金有獸焉其狀如人而彘鬣穴居而冬蟄其名曰猾褢滑懷兩音其音如斲木如人斫木聲見則縣有大繇謂作役也或曰其縣亂

又東三百五十里曰羽山今東海祝其縣西南有羽山即鯀所殛處計此道里不相應似非也其下多水其上多雨無草木多蝮虫蚖也

又東三百七十里曰瞿父之山音[illegible]無草木多金玉

又東四百里曰句餘之山無草木多金玉今在會稽餘姚縣南句章縣北故此二縣因此為名云見張氏地理志

又東五百里曰浮玉之山北望具區具區今吳縣西南太湖也尚書謂之震澤東望諸毗水名有獸焉其狀如虎而牛尾其音如吠犬其名曰彘是食人苕水出于其陰北流注于具區其中多鮆魚鮆魚狹薄而長頭大者尺餘太湖中今饒之一名刀魚音祚啓反

又東五百里曰成山四方而三壇形如人築壇相累也成亦重耳其上多金玉其下多青雘閼水出焉音遏而南流注于一作流注于西虖勺虖音呼勺或作多下同其中多黄金今永昌郡水出金如糠在沙中

尸子曰清水出黃金玉英

又東五百里曰會稽之山四方今在會稽郡山陰縣南上有禹冢及井其上多金玉其下多砆石砆武夫石似玉今長沙臨湘出之赤地白文色蘢葱不分明勺水出焉而南流注于湨音鶪

又東五百里曰夷山無草木多沙石湨一作浿水出焉而南流注于列塗

又東五百里曰僕勾一作夕之山其上多金玉其下多草木無鳥獸無水

又東五百里曰咸陰之山無草木無水

又東四百里曰洵山（洵一作旬）其陽多金其陰多玉有獸焉其狀如羊而無口不可殺也（稟氣自然）其名曰䍺（音還或音患）洵水出焉（音詢）而南流注于閼之澤（音遏）其中多芘蠃（紫色螺也）

又東四百里曰虖勺之山其上多梓枏（梓山楸也枏大木葉似桑今作楠音南爾雅以為枏）其下多荊杞（杞苟杞也子赤）滂水出焉（音滂沱之滂）而東流注于海

又東五百里曰區吳之山無草木多砂石鹿水出焉而南流注于滂水

又東五百里曰鹿吳之山上無草木多金石澤更之水出焉而南流注于滂水水有獸焉名曰蠱雕蠱或作纂其狀如雕而有角其音如嬰兒之音是食人

東五百里曰漆吳之山無草木多博石無玉可以為博碁石處于海東望丘山其光載出載入神光之所潛燿是惟日次是日景之所次舍

凡南次二經之首自柜山至于漆吳之山凡十七山七千二百里其神狀皆龍身而鳥首其祠毛用一璧瘞糈用稌稻穬也

南次三經之首曰天虞之山其下多水不可以上

東五百里曰禱過之山其上多金玉其下多犀兕（犀似水牛猪頭庳脚脚似象有三蹄大腹黑色三角一在頂上一在額上一在鼻上在鼻上者小而不墮食角也好敢棘口中常洒血沫兕亦似水牛青色一角重三千斤）多象（象獸之最大者長鼻大者牙長一文性妬不畜溪子）有鳥焉其狀如鵁（鵁似鳧而小脚近尾音骹箭之骹）而白首三足（或作手）人面其名曰瞿如（音劬）其鳴自號也泿水出焉（音銀）而南流注于海其中有虎蛟（蛟似蛇四足龍屬）其状魚身而蛇尾其音如鴛鴦食者不腫可以已痔

又東五百里曰丹穴之山其上多金玉丹水出焉而南流注于渤海（渤海海岸曲崎頭也）有鳥焉其狀如雞五采而

文名曰鳳皇首文曰德翼文曰義背文曰禮膺文曰仁腹文曰信是鳥也飲食自然自歌自舞見則天下安寧漢時鳳鳥數出高五六尺五采莊周說鳳文字與此有異廣雅云鳳鷄頭燕頷蛇頸龜背魚尾雌曰凰雄曰鳳

又東五百里曰發爽或作喪之山無草木多水多白猿汎水出焉而南流注于渤海

又東四百里至于旄山之尾其南有谷曰育遺或作隧多怪鳥廣雅曰鷄離鶹朋爰居鵰雀皆怪鳥之屬也凱風自是出凱風南風

又東四百里至于非山之首其上多金玉無水其下

多蝮虫

又東五百里曰陽夾之山無草木多水

又東五百里曰灌湘之山上多木無草多怪鳥無獸一作灌湖射之山

又東五百里曰雞山其上多金其下多丹雘雘赤色者或曰雘美丹也見尚書音尺蠖之蠖黑水出焉而南流注于海其中有鱄魚音團扇之團其狀如鮒而彘毛其音如豚見則天下大旱

又東四百里曰令丘之山無草木多火其南有谷焉

曰中谷條風自是出東北風爲條風記曰條風至出輕繫督逋留有鳥焉
其狀如梟人面四目而有耳其名曰顒音娛其鳴自號
也見則天下大旱
又東三百七十里曰侖者之山音論說之論一音倫其上多金
玉其下多青雘有木焉其狀如穀而赤理其汗如漆
其味如飴食者不飢可以釋勞其名曰白䓘或作睪蘇睪蘇
一名白䓘見廣雅音羔可以血玉血謂可用染玉作光彩
又東五百八十里曰禺稾之山多怪獸多大蛇
東五百八十里曰南禺之山其上多金玉其下多水

有穴焉水春輒入夏乃出冬則閉佐水出焉而東南流注于海有鳳皇鵷鶵（亦鳳屬）

凡南次三經之首自天虞之山以至南禺之山凡一十四山六千五百三十里其神皆龍身而人面其祠皆一白狗祈（祈請禱也）糈用稌

右南經之山志大小凡四十山萬六千三百八十里

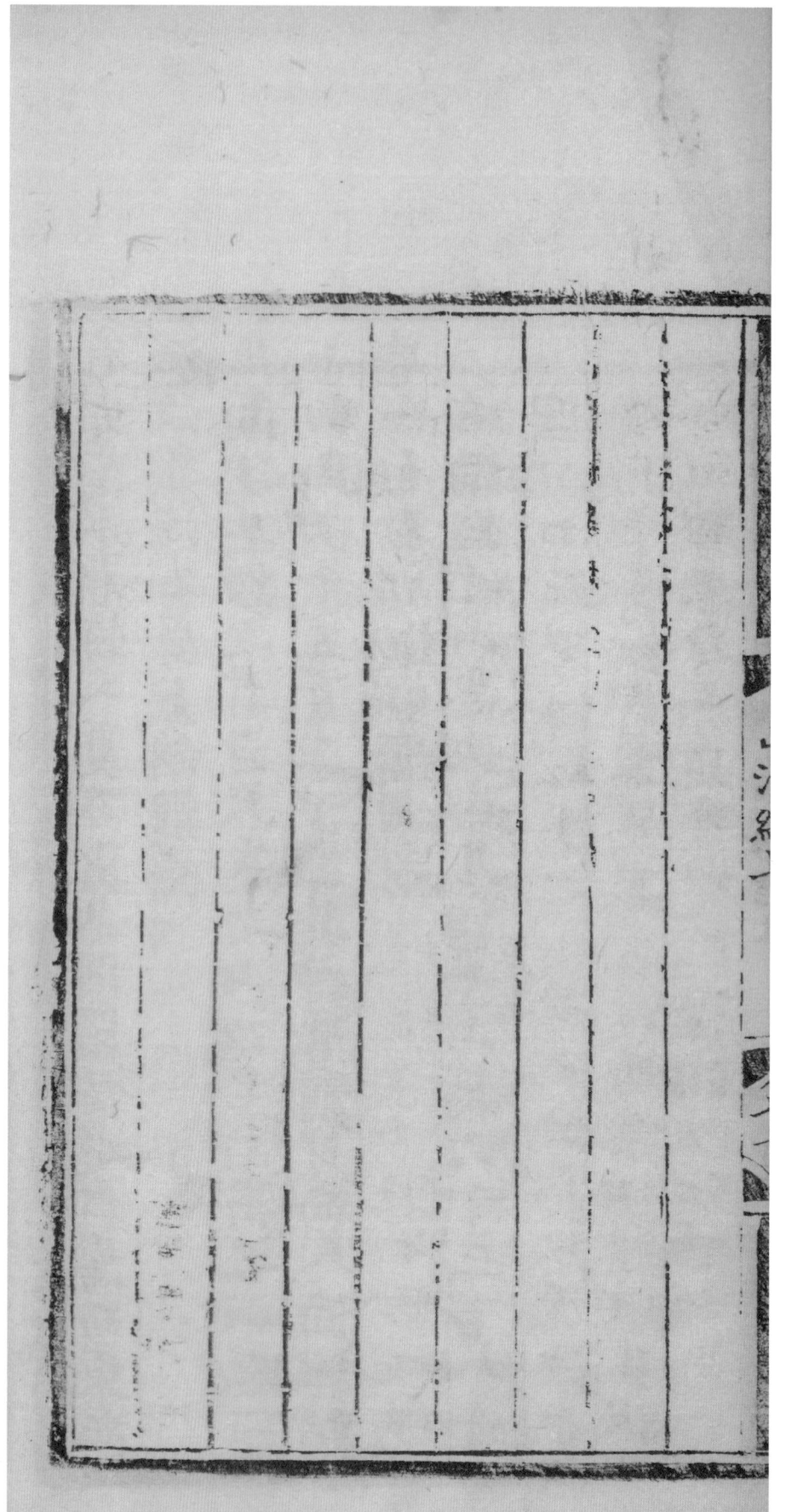

西山經第二

郭氏傳

西山經華山之首曰錢來之山其上多松其下多洗石（藻洗可以磢體去垢圿 磢初兩反）有獸焉其狀如羊而馬尾名曰羬羊（今大月氏國有大羊如驢而馬尾爾雅云羊六尺為羬謂此羊也 羬音針）其脂可以已腊（治體皴 腊音昔）

西四十五里曰松果之山濩水出焉北流注于渭其中多銅有鳥焉其名曰螐渠（螐音彤弓之彤也）其狀如山雞黑身赤足可以已曝（謂皮皴起也 音叵駮反）

又西六十里曰太華之山（即西嶽華陰山也今在弘農華陰縣西南）削成而四方（今山形上大下小峭峻也）其高五千仞其廣十里（仞八尺也上有明星玉女持玉漿得上服之即成仙道險僻不通時含神霧云）鳥獸莫居有蛇焉名曰肥𧔥六足四翼見則天下大旱（湯時此蛇見於陽山下復有肥遺蛇疑是同名）

又西八十里曰小華之山（即小華山）其木多荊杞其獸多㸲牛（今華陰山中多山牛山羊肉皆千斤牛即此牛也音昨）其陰多磬石（可以為樂石）其陽多㻬琈之玉（㻬琈玉名所未詳也㻬浮兩音）鳥多赤鷩（赤鷩山雞之屬胷腹洞赤冠金皆黃頭綠尾中有赤毛彩鮮明音作蔽或

鷩作可以禦火其草有萆荔（萆音婢荔音戾）狀如烏

韭而生於石上亦緣木而生（烏韭在屋者曰昔邪在墻者曰垣衣）

食之已心痛

又西八十里曰符禺之山其陽多銅其陰多鐵

其上有木焉名曰文莖其實如棗可以已聾其

草多條其狀如葵而赤花黃實如嬰兒舌食之

使人不惑符禺之水出焉而北流注于渭其獸

多葱聾其狀如羊而赤鬣其鳥多鴖（音旻）其狀如

翠而赤喙（翠似燕而紺色也）可以禦火（畜之辟火災也）

又西六十里曰石脆之山其木多㯶枏（㯶樹高三丈許無枝條葉大而員枝生梢頭實皮相裹上行一皮者為一節可以為繩一名栟櫚音馬駿之駿）其草多條其狀如韭而白華黑實食之已疥其陽多㻬琈之玉其陰多銅灌水出焉而北流注于禺水其中有流赭（赭赤土）以塗牛馬無病（今人亦以朱塗牛角云以辟惡馬或作角）

又西七十里曰英山其上多杻橿（杻似棣而細葉一名土橿音紐橿木中車材音姜）其陰多鐵其陽多赤金禺水出焉北流注于招水（音韶）其中多䱤魚（音同蚌蛤之蚌）其狀如

鼈其音如羊其陽多箭䉋今漢中郡出䉋竹厚裏而長節根深筍冬生地中人掘取食之䉋音媚其獸多㸲牛羬羊有鳥焉其狀如鶉黃身而赤喙其名曰肥遺食之已癘癘疫病也或曰惡創韓子曰癘人憐主可以殺蟲

又西五十二里曰竹山其上多喬木枝上竦者音橋其陰多鐵有草焉其名曰黃雚其狀如樗其葉如麻白花而赤實其狀如赭紫赤色浴之已疥又可以已胕治胕腫也音符竹水出焉北流注于渭其陽多竹箭箭篠也多蒼玉丹水出焉今所在有丹水東南流注

于洛水其中多水玉多人魚如鯑魚四脚有獸焉其狀如豚而白毛大如笄而黑端笄簪屬名曰毫彘貆猪也夾髀有麤豪長數尺能以脊上毫射物亦自為牝牡貆或作假吳楚呼為鸞猪亦此類也

又西百二十里曰浮山多盼木音美目盼兮之盼枳葉而無傷枳刺針也能傷人故名云木蟲居之在樹中有草焉名曰薰音訓草麻葉而方莖赤華而黑實臭如蘼蕪蘼蕪香草易曰其臭如蘭眉無兩音佩之可以已癘

又西七十里曰羭次之山音臾漆水出焉今漆水出岐山

北流注于渭其上多棫橿（棫白桵也音域）其下多竹箭其陰多赤銅其陽多嬰垣之玉（垣或作短或作根或作埋傳寫謬錯未可得詳）有獸焉其狀如禺而長臂善投其名曰囂（亦在畏獸畫中似獼猴投擲也）有鳥焉其狀如梟人面而一足曰橐𩇯（音肥）冬見夏蟄服之不畏雷（著其毛羽令人不畏天雷也或作灾）

又西百五十里曰時山無草木逐水出焉（或作遂）北流注于渭其中多水玉

又西百七十里曰南山上多丹粟丹水出焉北

流注于渭獸多猛豹猛豹似熊而小毛淺有光澤能食蛇食銅鐵出蜀中
豹或作虎鳥多尸鳩尸鳩布谷類也或曰鶻鵰也鳩或作丘
又西百八十里曰大時之山上多穀柞柞櫟下多
杻橿陰多銀陽多白玉涔水出焉涔音潛北流注于
渭清水出焉南流注于漢水今河內脩武縣縣北黑山亦出清水
又西三百二十里曰嶓冢之山今在武都氐道縣南嶓音波
漢水出焉而東南流注于沔至江夏安陸縣江即沔水囂
水出焉北流注于湯水湯或作陽其上多桃枝鉤
端鉤端桃枝屬獸多犀兕熊羆羆似熊而黃白色猛憨能拔樹鳥

多白翰赤鷩白翰白鵫也亦名鵫雉又曰白雉有草焉其葉

如蕙蕙香草蘭屬也或以蕙為薰葉失之音惠其本如桔梗本根也

黑華而不實名曰蓇蓉爾雅釋草曰榮而不實謂之蓇音骨食

之使人無子

又西三百五十里曰天帝之山上多椶枏下多菅蕙

菅茅類也有獸焉其狀如狗名曰谿邊谿或作谷邊或作遺席其皮

者不蠱有鳥焉其狀如鶉黑文而赤翁翁頭下毛音汲甕之甕

名曰櫟音沙礫之礫食之已痔有草焉其狀如葵其臭如

蘼蕪名曰杜衡香草也可以走馬帶之令人便馬或曰馬得之而健走食

之已癭

西南三百八十里，曰皋塗之山，薔水出焉（音色，或作蕢，又作菑），西流注于諸資之水。塗水出焉，南流注于集獲之水。其陽多丹粟，其陰多銀黃金，其上多桂木。有白石焉，其名曰礜，可以毒鼠（今礜石殺鼠，音豫，蠶食之而肥）。有草焉，其狀如槀茇（槀茇，香草），其葉如葵而赤背，名曰無條，可以毒鼠。有獸焉，其狀如鹿而白尾，馬足人手（前兩腳似人手）而四角，名曰玃如（音猳玃之嬰）。有鳥焉，其狀如鴟而人足，名曰數斯，食之已癭（或作癇）。

又西百八十里曰黃山今始平槐里縣有黃山上故有宮漢惠帝所起疑非此無草木多竹箭盼水出焉音美目盼兮之盼西流注于赤水其中多玉有獸焉其狀如牛而蒼黑大目其名曰㸲音敏有鳥焉其狀如鴞青羽赤喙人舌能言名曰鸚䳇鸚䳇舌似小兒舌脚指前後各兩扶南徼外出五色者其亦有純赤白者大如鴈也

又西二百里曰翠山其上多椶柟其下多竹箭其陽多黃金玉其陰多旄牛麢麝麢似羊而大角細食好在山崖間麝似獐而小有香其鳥多鸓音壘其狀如鵲赤黑而兩首四足可以禦火

又西二百五十里曰騩山音巍一音隗嵬之隗是錞于西海錞猶堤埻也音章閏反無草木多玉淒水出焉淒或作浽西流注于海其中多采石黃金采石石有彩色者今雌黃空青綠碧之屬多丹粟

凡西經之首自錢來之山至于騩山凡十九山二千九百五十七里華山冢也冢者神鬼之所舍也其祠之禮太牢牛羊豕為太牢羭山神也祠之用燭或作煬齋百日以百犧牲純色者為犧瘞用百瑜瑜亦美玉名音臾湯或作溫其酒百樽溫酒令熱嬰以百珪百璧嬰謂陳之以環祭也或曰嬰即古罌字謂盂也徐州云穆天子傳曰黃金之嬰之屬也

其餘十七山之屬皆毛牷用一羊祠之牷謂牲体全具也左傳曰牷牲肥腯者也燭者百草之未灰白蒂采等純之純緣也五色純之等差其文綵也周禮莞席紛純

西次二經之首曰鈐山音髡鉗之鉗或作冷又作塗其上多銅其下多玉其木多杻橿

西二百里曰泰或作秦冒之山其陽多金其陰多鐵浴水出焉東流注于河其中多藻玉藻玉玉有符彩者或作柬音練多白蛇水蛇

又西一百七十里曰數歷之山其上多黃金其下多

銀其木多杻橿其鳥多鸓鴟楚水出焉而南流注于
渭其中多珠今蜀郡平澤出青珠尸子曰水員折者有珠
又西百五十里曰高山其上多銀其下多青碧碧亦玉類
也今越嶲會稽縣東山出碧雄黃晉大興三年高平郡界有山崩其中出數千斤雄黃其木
多椶其草多竹涇水出焉音經而東流注于渭今涇水出安定
朝那縣西幵頭山至京兆高陵縣入渭也其中多磬石書曰泗濱浮磬是也青碧
西南三百里曰女牀之山其陽多赤銅其陰多石涅
卽楚石也楚人名爲涅石秦名爲水涅也本草經亦名曰石涅也其獸多虎豹犀兕
有鳥焉其狀如翟而五彩文翟似雉而大長尾或作鸐鸐鵰屬也名曰

鸞鳥見則天下安寧舊說鸞似雞瑞鳥也周成王時西戎獻之

又西二百里曰龍首之山其陽多黃金其陰多鐵苕水出焉東南流注于涇水其中多美玉

又西二百里曰鹿臺之山今在上郡其上多白玉其下多銀其獸多㸲牛羬羊白豪豪貆豬也有鳥焉其狀如雄雞而人面名曰鳧徯其名自叫也見則有兵

西南二百里曰鳥危之山其陽多磬石其陰多檀楮楮即穀木其中多女牀未詳鳥危之水出焉西流注于赤水其中多丹粟

又西四百里曰小次之山其上多白玉其下多赤銅有獸焉其狀如猿而白首赤足名曰朱厭見則大兵（一作見則有兵起焉一作見則為兵）

又西三百里曰大次之山其陽多堊（堊似土色甚白音惡）其陰多碧其獸多㸲牛麢羊

又西四百里曰薰吳之山無草木多金玉

又西四百里曰底陽之山（音旨）其木多稷柟豫章（稷似松有刺細理音即豫章大木似楸葉冬夏青生七年而後復可知也）其獸多犀兕虎犳㸲牛（犳音之樂反）

又西二百五十里曰衆獸之山其上多㻬琈之玉其下多檀楮多黃金其獸多犀兕

又西五百里曰皇人之山其上多金玉其下多青雄黃即雌黃也或曰空青曾青之屬皇水出焉西流注于赤水其中多丹粟

又西三百里曰中皇之山其上多黃金其下多蕙棠彤棠之屬也蕙或作羔

又西三百五十里曰西皇之山其陽多金其陰多鐵其獸多麋鹿㸲牛麋大如小牛鹿屬也

又西三百五十里曰萊山其木多檀楮其鳥多羅羅是食人羅羅之鳥所未詳也

凡西次二經之首自鈐山至于萊山凡十七山四千一百四十里其十神者皆人面而馬身其七神皆人面牛身四足而一臂操杖以行是為飛獸之神其祠之毛用少牢羊猪為少牢也白菅為席其十輩音背神者其祠之毛一雄鷄鈐而不糈鈐所用祭器名所未詳也或作思訓祈不糈祠不以米毛采言用雄色鷄也

西次三經之首曰崇吾之山在河之南北望冢遂山名

南望䍃之澤音遥西望帝之搏獸之丘搏或作摶東望𧉮音於然反淵有木焉員葉而白柎今江東人呼草木子房為柎音府一曰柎花下鄂音丈夫字或作柎音符赤華而黑理其實如枳食之宜子孫有獸焉其狀如禺而文臂豹虎而善投名曰舉父或作夸父有鳥焉其狀如鳧而一翼一目相得乃飛名曰蠻蠻比翼鳥也色青赤不比不能飛爾雅作鶼鶼鳥也見則天下大水

西北三百里曰長沙之山泚水出焉音紫北流注于泑水烏交反又音黝水色黑也無草木多青雄黄

又西北三百七十里曰不周之山此山形有缺不周匝處因名云西北

不周風自此山出北望諸毗之山臨彼嶽崇之山東望泑澤河水所潛也其源渾渾泡泡河南出崑崙潛行地下至葱嶺出于闐國復分流岐出合而東流注泑澤已復潛行南出于積石山而為中國河也名泑澤即蒲澤一名蒲昌海廣三四百里其水停冬夏不增減去玉門關三百餘里即河之重源所謂潛行也渾渾泡泡水濆湧之聲也袞咆二音爰有嘉果其實如桃其葉如棗黃華而赤柎食之不勞

又西北四百二十里曰峚山音密其上多丹木員葉而赤莖黃華而赤實其味如飴食之不飢丹水出焉西流注于稷澤后稷神所憑因名云其中多白玉是有玉膏其源

沸沸湯湯玉膏涌出之貌也河圖玉版曰少室山其上有白玉膏一服即仙矣亦此類也沸音拂黃帝是食是饗所以得登龍於鼎湖而龍蛻也是生玄玉言玉膏中又出黑玉也玉膏所出以灌丹木丹木五歲五色乃清言光鮮也五味乃馨言滋香也黃帝乃取峚山之玉榮謂玉華也離騷曰懷瑰琰之華英又曰登崑崙兮食玉英汲冢書所謂苕華之玉而投之鍾山之陽以為玉種瑾瑜之玉為良言最善也或作食覲臾兩音堅粟精密說玉理也禮記曰瑱密似粟栗或作栗玉有粟文所謂穀璧也濁澤有而光濁謂潤厚五色發作言符彩互映色王子靈符應曰赤如雞冠黃如蒸栗白如割肪黑如醇漆玉之符彩也以和柔剛言玉協九德也天地鬼神是食是饗玉所以祈祭者言能動天地感鬼神君子

服之以禦不祥（今徼外出金剛石石屬而似金有光彩可以刻玉外國人帶之云辟惡氣亦此類也）自峚山至于鍾山四百六十里其閒盡澤也是多奇鳥怪獸奇魚皆異物焉

又西北四百二十里曰鍾山其子曰鼓（此亦神名名之為鍾山之子耳其類皆見歸藏啓筮）其狀如人面而龍身（啓筮曰麗山之子青羽人面馬身亦似此狀也）是與欽䲹（音邳）殺葆江于崑崙之陽（葆或作祖）帝乃戮之鍾山之東曰㟧（音遥）崖欽䲹化為大鶚（鶚鵰屬也音愕）其狀如鵰而黑文白首赤喙而虎爪其音如晨鵠（晨鵠鶚屬猶云晨鳧耳說文曰繅犬犬比奉晨鳧也）見則有大兵鼓亦化為鵕鳥（音逡）其

狀如鴟赤足而直喙黃文而白首其音如鵠見即其邑大旱穆天子傳云鍾山作春字音同耳穆王北升此山以望四野曰鍾山是惟天下之高山也百獸之所聚飛鳥之栖也爰有赤豹白虎白鳥青鵰執犬羊食豕鹿穆王五日觀于鍾山乃爲銘迹於縣圃之上以詔後世

又西百八十里曰泰器之山觀水出焉西流注于流沙是多文鰩魚音遥狀如鯉魚魚身而鳥翼蒼文而白首赤喙常行西海遊於東海以夜飛其音如鸞雞鸞雞鳥名未詳也或作欒其味酸甘食之已狂見則天下大穰豐穰收熟也韓子曰穰歲之秋

又西三百二十里曰槐江之山丘時之水出焉而北流注于泑水其中多蠃母即蝶螺也其上多青雄黃多藏琅玕黃金玉琅玕石似珠者藏猶隱也郎干二音其陽多丹粟其陰多采黃金銀實惟帝之平圃即玄圃也穆天子傳曰乃為銘迹於玄圃之上謂刊石紀功德如秦皇漢武之為者也神英招司之司主也其狀馬身而人面虎文而鳥翼徇于四海徇謂周行也其音如榴音留或作籀此所未詳也南望崑崙其光熊熊其氣魂魂皆光氣炎盛相煜燿之貌西望大澤后稷所潛也后稷生而靈知及其終化形遯此澤而為之神亦猶傳說騎箕尾也其中多玉其陰多榣木之有若榣木大木也言其上復生若木大木

之奇靈者爲若見尸子國語曰榣木不生花也北望諸毗山名槐鬼離侖居之
離侖其神名鷹鸇之所宅也鸇亦鴟屬也莊周曰鴟鴉甘鼠穆天子傳云鍾山上有白
鳥青雕皆此族類也東望恒山四成成亦重也爾雅云再成曰英也有窮鬼居
之各在一摶摶猶脅也言群鬼各以類聚處山四脅有窮其總號耳摶一作摶爰有
淫水其清洛洛水留下之貌也淫音遙也有天神焉其狀如牛而
八足二首馬尾其音如勃皇勃皇未詳見則其邑有兵
西南四百里曰崑崙之丘是實惟帝之下都天帝都邑之在下者也穆天子傳曰吉日辛酉天子升于崑崙之丘以觀黃帝之宮而封豐隆之葬以詔後世言增封於
崑崙山之上神陸吾司之即肩吾也莊周曰肩吾得之以處大山也其神狀虎

身而九尾人面而虎爪是神也司天之九部及帝之
囿時（主九城之部界天帝苑圃之時節也）有獸焉其狀如羊而四角名
曰土螻是食人有鳥焉其狀如蜂大如鴛鴦名曰欽
原（欽或作爰或作至也）蠚鳥獸則死蠚木則枯有鳥焉其名曰
鶉鳥是司帝之百服（服器服也一曰服事也或作藏）有木焉其狀如
棠（棠梨也）華黃赤實其味如李而無核名曰沙棠可以
禦水食之使人不溺（言体浮輕也沙棠為木不可得沉呂氏春秋曰果之美者沙棠
之實銘曰安得沙棠刻以為舟汎彼滄海以遨以遊）有草焉名曰蕡草（音頻）其狀
如葵其味如葱食之已勞（呂氏春秋曰菜之美者崑崙之蘋）河水出

焉（出山東北隅也）而南流東注于無達（山名）赤水出焉（出山東南隅也）
而東南流注于氾天之水（氾天亦山名赤水所窮也穆天子傳曰遂宿于崑崙之側赤水之陽水北也氾浮劒反）洋水出焉（出山西北隅或作清）而西南流注
于醜塗之水（醜塗亦山名也皆在南極穆天子傳曰戊辰濟洋水又曰觴天子洋水也）
黑水出焉（亦出西北隅也）而西流于大杅（山名也穆天子傳曰乃封長肱于黑水之西河是惟崑崙鴻鷺之上以為周室主杅音于）是多怪鳥獸（謂有一獸九首有一鳥六首之屬也）
又西三百七十里曰樂游之山桃水出焉西流注于
稷澤是多白玉其中多滑魚其狀如蛇而四足是食

魚
西水行四百里曰流沙二百里至于蠃母之山神長
乘司之是天之九德也九德九氣所生其神狀如人而豹之藥
反尾其上多玉其下多青石而無水
又西三百五十里曰玉山是西王母所居也此山多玉石因
以名云穆天子傳謂之群玉之山見其山河無險四徹中繩先王之所謂策府寡草木無鳥獸穆王於是
攻其玉石取玉石版三乘玉器服物載玉萬隻以歸双玉為瑴半瑴為隻西王母其狀如
人豹尾虎齒而善嘯蓬髮戴勝蓬頭亂髮勝玉勝也音龐是司天
之厲及五殘主知災厲五刑殘殺之氣也穆天子傳曰吉日甲子賓于西王母執玄圭白璧

以見西王母獻錦組百𦄂金玉百斤西王母再拜受之乙丑天子觴西王母于瑤池之上西王母為天子謠曰白雲在天山陵自出道里悠遠山川間之將子無死尚復能來天子畣之曰予歸東土和理諸夏萬民均平吾顧見汝比及三年將復而野西王母又為天子吟曰徂彼西土爰居其所虎豹為群烏鵲與處嘉命不遷我惟帝女彼何世民又將去子吹笙鼓簧中心翱翔世民之子惟天之望天子遂驅外于奄山乃紀迹于奄山之石而樹之槐眉曰西王母之山山即崦嵫山也案竹書穆王五十七年西王母來見賓于昭宮舜時西王母遣使獻玉環見禮三朝

有獸焉其狀如犬而豹文其角如牛或作羊其名曰狡其音如吠犬見則其國大穰晉太康七年邵陵扶夷縣檻得一獸狀如豹文有二角無前兩脚時人謂之狡疑非此

有鳥焉其狀如翟而赤名曰勝遇音姓是食魚其音如錄音録義未

詳見則其國大水

又西四百八十里曰軒轅之丘無草木黃帝居此丘娶西陵氏女因號軒轅丘洵水出焉音詢南流注于黑水其中多丹粟多青雄黃

又西三百里曰積石之山其下有石門河水冒以西流冒猶覆也積石山今在金城河門關西南羌中河水行塞外東入塞內是山也萬物無不有焉水經引山海經云積石山在鄧林山東河所入也

又西二百里曰長留之山其神白帝少昊居之少昊金天氏帝摯之號也其獸皆文尾或作長其鳥皆文首文或作長是多文

玉石實惟員神磈氏之宮音隗是神也主司反景日西入則景反東照主司察之

又西二百八十里曰章莪之山無草木多瑤碧碧亦玉屬所爲甚怪多有非常之物有獸焉其狀如赤豹五尾一角其音如擊石其名如猙京氏易義曰音如石相擊音靜也有鳥焉其狀如鶴一足赤文青質而白喙名曰畢方其鳴自叫也見則其邑有譌火譌亦妖訛字

又西三百里曰陰山濁浴之水出焉而南流注于蕃澤其中多文貝餘泉蚳之類也見爾雅有獸焉其狀如貍或作豹

而白首名曰天狗其音如榴榴或作猫猫可以禦凶

又西二百里曰符惕之山音陽其上多棕柟下多金玉神江疑居之是山也多怪雨風雲之所出也

又西二百二十里曰三危之山今在燉煌郡尚書云竄三苗于三危是也三青鳥居之是山也廣員百里三青鳥主為西王母取食者別自棲息於此山也竹書曰穆王西征至于青鳥所解也其上有獸焉其狀如牛白身四角其毫如披蓑蓑辟雨之衣也音梭其名曰傲佃傲噎二音是食人有鳥焉一首而三身其狀如鸈其名曰鴟鸈似鵰黑文赤頸音洛下句或云扶狩則死扶木則枯應在上欽原下脫錯在此耳

又西一百九十里曰騩山其上多玉而無石神耆童居之（耆童老童顓頊之子）其音常如鐘磬其下多積蛇

又西三百五十里曰天山多金玉有青雄黄英水出焉而西南流注于湯谷有神焉其狀如黄囊赤如丹火（体色黄而精光赤也）六足四翼渾敦無面目是識歌舞實惟帝江也（夫形無全者則神自然靈照精無見者則闇與理會其帝江之謂乎莊生所云中央之帝混沌為儵忽所鑿七竅而死者蓋假此以寓言也）

又西二百九十里曰泑山（泑音黝黑之黝）神蓐收居之（亦金神也人面虎爪白尾執鉞見外傳云）其上多嬰短之玉（未詳）其陽多瑾瑜之

玉其陰多青雄黃是山也西望日之所入其氣員日形員故其氣象亦然也神紅光之所司也不聞其狀

西水行百里至于翼望之山或作土翠山無草木多金玉

有獸焉其狀如狸一目而三尾名曰讙讙音歡或作原其音如奪百聲言其能作百種物聲也或曰奪百物名亦所未詳是可以禦凶服之已癉黃癉病也音旦有鳥焉其狀如烏三首六尾而善笑名曰鵸鵌猗餘兩音服之使人不厭不厭夢也周書曰服者不眯音莫禮反或曰眯眯目也又可以禦凶

凡西次三經之首崇吾之山至于翼望之山凡二十

三山六千七百四十四里其神狀皆羊身人面其祠之禮用一吉玉瘞（玉加采色者也尸子曰吉玉大龜）糈用稷米

西次四經之首曰陰山上多穀無石其草多茆蕃（茆鳧葵也蕃青蕃似莎而大茆煩二音）陰水出焉西流注于洛

北五十里曰勞山多茈草（一名茈莨中染紫也）弱水出焉而西流注于洛

西五十里曰罷父之山洱水出焉（音耳）而西流注于洛其中多茈碧

北百七十里曰申山其上多穀柞其下多杻橿其陽

多金玉區水出焉而東流注于河

北二百里曰鳥山其上多桑其下多楮其陰多鐵其陽多玉辱水出焉而東流注于河

又北百二十里曰上申之山上無草木而多硌石硌磊硌大石貌也音洛下多榛楛榛子似栗而小味美楛木可以為箭詩云榛楛濟濟臻怙兩音獸多白鹿其鳥多當扈扈或作户其狀如雉以其髯飛髯咽下須毛也食之不眴目音眩湯水出焉東流注于河

又北百八十里曰諸次之山諸次之水出焉而東流注于河是山也多木無草鳥獸莫居是多衆蛇

又北百八十里曰號山其木多漆椶（漆樹似椶也）其草多葯虈芎藭（葯白芷別名虈香草也芎藭一名江蘺虈音鳥較反）多汵石（汵或音今未詳）端水出焉而東流注于河

又北二百二十里曰孟山（音于）其陰多鐵其陽多銅其獸多白狼白虎（外傳曰周穆王伐犬戎得四白狼白鹿虎虎名甝虪）其鳥多白雉白翟（或作白翠）生水出焉而東流注于河

西二百五十里曰白於之山上多松柏下多櫟檀（櫟即柞）其獸多㸲牛羬羊其鳥多鴞（鴞似鳩而青色）洛水出于其陽而東流注于渭夾水出于其陰東流注于生水

西北三百里曰申首之山無草木冬夏有雪申水出于其上潛于其下是多白玉

又西五十五里曰涇谷之山或無之山二字涇水出焉或以此為今涇水未詳東南流注于渭是多白金白玉

又西百二十里曰剛山多柒木多㻬琈之玉剛水出焉北流注于渭是多神䰠䰠亦魑魅之類也音恥回反或作䰢其狀人面獸身一足一手其音如欽欽亦吟字假音

又西二百里至剛山之尾洛水出焉而北流注于河其中多蠻蠻其狀鼠身而鼈首其音如吠犬

又西三百五十里曰英鞮之山上多漆木下多金玉鳥獸盡白浣水出焉浣或作涴音宛枉之宛而北注于陵羊之澤是多冉遺之魚魚身蛇首六足其目如馬耳食之使人不眯可以禦凶

又西三百里曰中曲之山其陽多玉其陰多雄黃白玉及金有獸焉其狀如馬而白身黑尾一角虎牙爪音如鼓音其名曰駮是食虎豹爾雅說駮不道有角及虎爪駮亦在畏獸畫中可以禦兵養之辟兵刃也有木焉其狀如棠而員葉赤實實大如木瓜木瓜如小瓜名曰櫰木音懷食之多力尸子曰木食之

（人多為作者名為若木此之類）

又西二百六十里曰邽山（音圭）其上有獸焉其狀如牛蝟毛名曰窮奇音如獋狗是食人（或云似虎蝟毛有翼銘冂窮奇之獸厥形甚醜馳逐妖邪莫不奔走是以一名號曰神狗）濛水出焉（音蒙）南流水其中多黃貝（貝甲虫肉如科斗但有頭尾耳）蠃魚（音螺）魚身音如鴛鴦見則其邑大水

又西二百二十里曰鳥鼠同穴之山（今在隴西首陽縣西南山有鳥鼠同穴鳥名曰鵌鼠名曰鼠鼵如人家鼠而短尾鵌似燕而黃色穿地入數尺鼠在內鳥在外而共處孔氏尚書傳曰共為雄雌張氏地理記云不為牝牡也）其上多白虎白玉渭水出

焉而東流注于河出山東至弘農華陰縣入河其中多鰠魚音騷其

狀如鱣魚鱣魚大魚也口在頷下體有連甲也或作鮎鯉或脫無從動則以下語者動則其邑有大兵

濫水出于其西音檻西流注于漢水多䰽

魮之魚如玭兩音其狀如覆銚鳥首而魚翼魚尾音如磬

石之聲是生珠玉亦珠母蚌類而能生出之

西南三百六十里曰崦嵫之山日沒所入山也見離騷奄茲兩音其

上多丹木其葉如穀其實大如瓜赤符而黑理食之

已癉可以禦火其陽多龜其陰多玉苕或作若水出焉

而西流注于海禹大傳曰洧盤之水出崦嵫山其中多砥礪磨石也精爲砥

鴽爲鵹也有獸焉其狀馬身而鳥翼人面蛇尾是好舉人
喜抱舉人名曰孰湖有鳥焉其狀如鴞而人面蜼身犬尾
蜼獼猴屬也音贈遺之遺一音誄見中山經尾又作背其名自號也或作設設亦呼耳疑
此脫誤見則其邑大旱
凡西次四經自陰山以下至於崦嵫之山凡十九山
三千六百八十里其祠祀禮皆用一白雞祈糈以稻
米白菅爲席
右西經之山凡七十七山一萬七千五百一十七
里

北山經第三　郭氏傳

北山經之首曰單狐之山多机木（机木似榆可燒以糞稻田出蜀中音飢）其上多華草逢水出焉（音逢）而西流注于泑水其中多芘石文石

又北二百五十里曰求如之山其上多銅其下多玉無草木滑水出焉而西流注于諸毗之水（水出諸毗山也）其中多滑魚其狀如鱓赤背（鱓魚似蛇音善）其音如梧（如人相枝梧聲音吾子之吾）食之已疣（疣贅也）其中多水馬其狀如馬文臂牛尾（臂前腳也周禮曰馬黑脊而班臂膢漢武元狩四年燉煌渥洼水出馬以為靈瑞者即此類也）

其音如呼（如人呼喚）

又北三百里曰帶山其上多玉其下多青碧有獸焉其狀如馬一角有錯（言角有甲錯也或作厝）其名曰臛疏（音歡）可以辟火有鳥焉其狀如烏五彩而赤文名曰鵸鵌（上已有此鳥疑同名）是自為牝牡食之不疽（無癰疽病也）彭水出焉而西流注于芘湖之水其中多儵魚（音由）其狀如雞而赤毛三尾六足四首其音如鵲食之可以已憂

又北四百里曰譙明之山譙水出焉西流注于河其中多何羅之魚一首而十身其音如吠犬食之已癰

有獸焉其狀如貆而赤豪貆豪猪也音丸其音如榴榴名曰孟槐可以禦凶辟凶邪氣也亦在畏獸書中也是山也無草木多青雄黃一作多青碧

又北三百五十里曰涿光之山嚻水出焉而西流注于河其中多鰼鰼之魚音褶之褶褶其狀如鵲而十翼鱗皆在羽端其音如鵲可以禦火食之不癉其上多松栢其下多椶橿其獸多麢羊其鳥多蕃未詳或云即[illegible]音煩

又北三百八十里曰虢山其上多漆其下多桐椐桐梧桐也椐樻木腫節中杖椐音袪其陽多玉其陰多鐵伊水出焉西流

注于河其獸多橐駝有肉鞍善行流沙中日行三百里其負千斤知水泉所在也其鳥多寓狀如鼠而鳥翼其音如羊可以禦兵

又北四百里至于虢山之尾其上多玉而無石魚水出焉而西流注于河其中多文貝

又北二百里曰丹熏之山其上多樗柏其草多韭薤皆山果爾雅有其名多丹雘熏水出焉而西流注于棠水有獸焉其狀如鼠而菟首麋身其音如獋犬以其尾飛或作髯飛獋音豪名曰耳鼠食之不䏿䏿大腹也見裨倉音采也又可以禦百毒

又北二百八十里曰石者之山其上無草木多瑤碧泚水出焉而西流注于河有獸焉其狀如豹而文題白身題額也名曰孟極是善伏其鳴自呼

又北百一十里曰邊春之山或作春山多葱葵韭山葱名茖大葉桃李山桃榹桃子小不解核也杠水出焉而西流注于泑澤有獸焉其狀如禺而文身善笑見人則臥言佯眠也名曰幽鴳或作嬻嬒鴳音遏其鳴自呼

又北二百里曰蔓聯之山蔓連二音其上無草木有獸焉其狀如禺而有鬣牛尾文臂馬蹄見人則呼名曰足

䜟其鳴自呼有鳥焉群居而朋飛（朋猶輩也）其毛如雌雉名曰鵁（交音或作渴也）其名自呼食之已風

又北百八十里曰單張之山其上無草木有獸焉其狀如豹而長尾人首而牛耳一目名曰諸犍（音如犍牛之犍）善吒行則銜其尾居則蟠其尾有鳥焉其狀如雉而文首白翼黃足名曰白鵺（音夜）食之已嗌痛（嗌咽也穀梁傳曰嗌不容粒今吳人呼咽為嗌音隘）可以已痸（痸癡病也）櫟水出焉而南流注于杠水

又北三百二十里曰灌題之山其上多樗柘其下多

流沙多砥有獸焉其狀如牛而白尾其音如訆如人呼喚名曰那父有鳥焉其狀如雌雉而人面見人則躍躍跳名曰竦斯其鳴自呼也匠韓之水出焉而西流注于泑澤其中多磁石可以取鐵管子曰山上有磁石者下必有銅音慈

又北二百里曰潘侯之山其上多松柏其下多榛楛其陽多玉其陰多鐵有獸焉其狀如牛而四節生毛名曰旄牛今旄牛背膝及胡尾皆有長毛邊水出焉而南流注于櫟澤

又北二百三十里曰小咸之山無草木冬夏有雪

北二百八十里曰大咸之山無草木其下多玉是山也四方不可以上有蛇名曰長蛇其毛如彘豪（說者云長百尋今蝮蛇色似艾綬文文間有毛如豬鬐此其類也常山亦有長蛇與此形不同）其音如鼓柝（如人行夜敲木柝聲音託）

又北三百二十里曰敦薨之山其上多椶柟其下多茈草敦薨之水出焉而西流注于泑澤出于昆侖之東北隅實惟河源（即河水出昆侖之虛）其中多赤鮭（今名鯸鮐為鮭魚音圭）其獸多兕旄牛（或作撲牛撲牛見離騷天問所未詳）其鳥多鳲鳩

又北二百里曰少咸之山無草木多青碧有獸焉其

狀如牛而赤身人面馬足名曰窫窳爾雅云窫窳似貙虎爪與此錯軋愈二音其音如嬰兒是食人敦水出焉東流注于鴈門之水水出鴈門山閒其中多魳魳之魚音沛未詳或作鯆食之殺人又北二百里曰獄法之山瀤澤之水出焉音懷而東北流注于泰澤其中多鱳魚音藻其狀如鯉而雞足食之已疣有獸焉其狀如犬而人面善投見人則笑其名山𤟤音暉其行如風言疾見則天下大風又北一百里曰北嶽之山多枳棘剛木檀柘之屬有獸焉其狀如牛而四角人目彘耳其名曰諸懷其音如鳴

癘是食人諸懷之水出焉而西流注于嚻水其中多鮨魚音旨魚身而犬首其音如嬰兒今海中有虎鹿魚及海狶体皆如魚而頭似虎鹿猪此其類也食之已狂

又北百八十里曰渾夕之山無草木多銅玉嚻水出焉而西北流注于海有蛇一首兩身名曰肥遺見則其國大旱管子曰涸水之精名曰蟡一頭而兩身其狀如蛇長八尺以其名呼之可使取魚鼈亦此類

又北五十里曰北單之山無草木多葱韭

又北百里曰羆差之山無草木多馬野馬似馬而小

又北百八十里曰北鮮之山是多馬鮮水出焉而西北流注于涂吾之水漢元狩二年馬出涂吾水中也

又北百七十里曰隄山或作院古字耳多馬有獸焉其狀如豹而文首名曰狕音幺隄水出焉而東流注于泰澤其中多龍龜

凡北山經之首自單狐之山至于隄山凡二十五山五千四百九十里其神皆人面蛇身其祠之毛用一雄雞彘瘞吉玉用一珪瘞而不糈言祭不用米皆埋其所用牲玉其山北人皆生食不火之物或作皆生食而不火

北次二經之首在河之東其首枕汾（臨汾水上也音墳）其名曰管涔之山（今在太原郡故汾陽縣北秀容山涔音岑也）其上無木而多草其下多玉汾水出焉而西流注于河（至汾陽縣北西入河）

又西二百五十里曰少陽之山其上多玉其下多赤銀（銀之精也）酸水出焉而東流注于汾水其中多美赭（管子曰山上有赭者其下有鐵）

又北五十里曰縣雍之山（今在晉陽縣西名汲甕雍音甕）其上多玉其下多銅其獸多閭麋（閭即羭也似驢而岐蹄角如麢羊一名山驢周書曰北唐以閭亦見鄉射禮）其鳥多白翟白鶮（即白鵫也音于六反）晉水出焉而

東南流注于汾水（東過晉陽南又東入汾）其中多鮆魚其狀如儵而赤鱗（小魚曰儵）其音如叱食之不驕（或作騷騷臭也）

又北二百里曰狐岐之山無草木多青碧勝水出焉而東北流注于汾水其中多蒼玉

又北三百五十里曰白沙山廣員三百里盡沙也無草木鳥獸鮪水出于其上潛于其下（出山之頂停其底也）是多白玉

又北四百里曰爾是之山無草木無水

又北三百八十里曰狂山無草木是山也冬夏有雪

狂水出焉而西流注于浮水其中多美玉

又北三百八十里曰諸餘之山其上多銅玉其下多松柏諸餘之水出焉而東流注于旄水

又北三百五十里曰敦頭之山其上多金玉無草木旄水出焉而東流注于印澤其中多䮝馬（音勃）牛尾而白身一角其音如呼

又北三百五十里曰鉤吾之山其上多玉其下多銅有獸焉其狀如羊身人面其目在腋下虎齒人爪其音如嬰兒名曰狍鴞是食人（為物貪惏食人未盡還害其身像在夏鼎左傳）

所謂饕餮是也狍音咆

又北三百里曰北囂之山無石其陽多碧其陰多玉有獸焉其狀如虎而白身犬首馬尾彘鬣名曰獨狢音谷有鳥焉其狀如烏人面名曰鷶鵑般冒兩音或作夏也宵飛而晝伏鵂鶹之屬食之已暍中熱也音謁涔水出焉而東流注于邛澤

又北三百五十里曰梁渠之山無草木多金玉脩水出焉而東流注于鴈門水名其獸多居暨其狀如彙而赤毛彙似鼠赤毛如刺也蝟彙音渭其音如豚有鳥焉其狀如夸父

(或作舉父)四翼一目犬尾名曰嚻其音如鵲食之已腹痛可以止衕(治洞下也音洞)
又北四百里曰姑灌之山無草木是山也冬夏有雪
又北三百八十里曰湖灌之山其陽多玉其陰多碧多馬湖灌之水出焉而東流注于海其中多䱇(亦鱓魚字)有木焉其葉如柳而赤理
又北水行五百里流沙三百里至于洹山其上多金玉三桑生之其樹皆無枝其高百仞百果樹生之其下多怪蛇

又北三百里曰敦題之山無草木多金玉是錞于北海

凡北次二經之首自管涔之山至于敦題之山凡十七山五千六百九十里其神皆蛇身人面其祠毛用一雄雞彘瘞（埋之）用一璧一珪投而不糈（擿玉於山中以禮神不埋之也）

北次三經之首曰太行之山（今在河內野王縣西北行音戶剛反）其首曰歸山其上有金玉其下有碧有獸焉其狀如麢羊而四角馬尾而有距其名曰驒善還（還旋旋儛也驒音暉）其鳴

自訆有鳥焉其狀如鵲白身赤尾六足其名曰⿰賁鳥音犇
是善驚其鳴自詨今吳人謂呼為詨音呼交反
又東北二百里曰龍侯之山無草木多金玉決決之
水出焉音訣而東流注于河其中多人魚其狀如鯑魚
四足其音如嬰兒鯑見山中經或曰人魚即鯢也似鮎而四足聲如小兒啼今亦呼鮎
為鯑音蹄食之無癡疾
又東北二百里曰馬成之山其上多文石其陰多金
玉有獸焉其狀如白犬而黑頭見人則飛言肉翅飛行自在
其名曰天馬其鳴自訆有鳥焉其狀如烏首白而身

青足黃足名曰鶌鶋（屈居二音　或作山爲）其鳴自詨食之不飢
可以已寓（不詳或曰寓猶誤也）
又東北七十里曰咸山其上有玉其下多銅是多松
栢草多茈草條菅之水出焉（菅音間）而西南流注于長
澤其中多器酸三歲一成（所未詳也）食之已癘
又東北二百里曰天池之山其上無草木多文石有獸
焉其狀如兔而鼠首以其背飛（用其背上毛飛飛則仰也）其名曰
飛鼠澠水出焉潛于其下（停山底也）其中多黃堊（堊土也）
又東三百里曰陽山其上多玉其下多金銅有獸焉

其狀如牛而赤尾其頸腎其狀如句瞿（言頸上有肉腎句瞿牛也）（音劬）其名曰領胡其鳴自詨食之已狂有鳥焉其狀如雌雉而五彩以文是自為牝牡名曰象蛇其鳴自詨留水出焉而南流注于河其中有䱂父之魚（音陷）其狀如鮒魚魚首而彘身食之已嘔

又東三百五十里曰賁聞之山其上多蒼玉其下多黃堊多涅石

又北百里曰王屋之山（今在河東東垣縣北書曰至于王屋也）是多石𤃎水出焉（𤃎音輦）而西北流注于泰澤（地理志王屋山沇水所出𤃎相

近治一水耳况則濟瀲水也
又東北三百里曰教山其上多玉而無石教水出焉
西流注于河是水冬乾而夏流實惟乾河今河東聞喜縣東北
有乾河口因名乾河里但有故溝處無復水即是也其中有兩山是山也廣員
三百步其名曰發丸之山其上有金玉
又南三百里曰景山外傳曰景霍以為城南望鹽販之澤即鹽池也
今在河東猗氏縣或無販字北望少澤其上多草藷藇根似羊蹄可食曙豫
二音今江南單呼為藷音儲語有輕重耳其草多秦椒子似椒而細葉草也其陰多
赭其陽多玉有鳥焉其狀如蛇而四翼六目三足名

曰酸與其鳴自詨見則其邑有恐或曰食之不醉

又東南三百二十里曰孟門之山尸子曰龍門未辟呂梁未鑿河出於孟門之上大溢逆流無有丘陵高阜滅之名曰洪水穆天子傳曰北升孟門九河之隥其上多蒼玉多金其下多黃堊多涅石

又東南三百二十里曰平山平水出于其上潛于其下是多美玉

又東三百里曰京山有美玉多漆木多竹其陽有赤銅其陰有玄礵黑砥石也尸子曰加玄黃砥明色非一也礵音竹篠之篠高水出焉南流注于河

又東二百里曰虫尾之山其上多金玉其下多竹多青碧丹水出焉南流注于河薄水出焉（淮南子曰薄水出鮮于山）而東南流注于黄澤

又東三百里曰彭毗之山其上無草木多金玉其下多水蚤林之水出焉（音早）東南流注于河肥水出焉而南流注于牀水其中多肥遺之蛇

又東百八十里曰小侯之山明漳之水出焉南流注于黄澤有鳥其狀如烏而白文名曰鴣鸐（姑習二音）食之不灂（不瞧白也或作皭音醮）

又東三百七十里曰泰頭之山共水出焉音恭南注于虖池呼佗二音下同其上多金玉其下多竹箭

又東北二百里曰軒轅之山其上多銅其下多竹有鳥焉其狀如梟而白首其名曰黄鳥其鳴自詨食之不妬

又北二百里曰謁戾之山今在上黨郡涅縣其上多松柏有金玉沁水出焉南流注于河至榮陽縣東北入河或出穀遠縣羊頭山也其東有林焉名曰丹林丹林之水出焉南流注于河嬰侯之水出焉北流注于汜水

東三百里曰沮洳之山詩云彼汾沮洳無草木有金玉濝水出焉音其南流注于河今淇水出汲郡隆慮縣大號山東過河內縣南為白溝又北三百里曰神囷之山音如倉囷之囷其上有文石其下有白蛇有飛蟲黃水出焉而東流注于洹洹水出汲郡林慮縣東北至魏郡長樂入清水洹音丸滏水出焉而東流注于歐水滏水今出臨水縣西釜口山經鄴西北至列人縣入于漳其水熱

又北二百里曰發鳩之山今在上黨郡長子縣西其上多柘木有鳥焉其狀如烏文首白喙赤足名曰精衛其鳴自詨是炎帝之少女名曰女娃炎帝神農也娃惡佳反語誤或作階女娃

遊于東海溺而不返故為精衛常銜西山之木石以堙于東海（堙塞也音因）漳水出焉（濁漳音章）東流注于河（或曰出長子縣鹿谷山而東至鄴入清漳）

又東北百二十里曰少山（今在樂平郡沾縣沾縣故屬上黨）其上有金玉其下有銅清漳之水出焉東流于濁漳之水（清漳出少山大繩谷至武安縣南暴宮邑入濁漳或曰東北至邑城入于大河也）

又東北二百里曰錫山其上多玉其下有砥牛首之水出焉而東流注于滏水

又北二百里曰景山有美玉景水出焉東南流注于

海澤

又北百里曰題首之山有玉焉多石無水

又北百里曰繡山其上有玉青碧其木多栒木中枚也音荀其草多芍藥芎藭芍藥一名辛夷亦香草屬洧水出焉而東流注于河其中有鱯鱯似鮎而大白色也黽鼃黽似蝦蟇小而青或曰蠖黽一物名耳

又北百二十里曰松山陽水出焉東北流注于河

又北百二十里曰敦與之山其上無草木有金玉溹水出于其陽音悉各反而東流注于泰陸之水大陸水今鉅鹿北廣平澤即其水泜水出于其陰音柢肆也而東流注于彭水今泜水出

中丘縣西窮泉谷東注于堂陽縣入于漳水槐水出焉而東流注于泜澤

又北百七十里曰柘山其陽有金玉其陰有鐵歷聚之水出焉而北流注于洧水

又北三百里曰維龍之山其上有碧玉其陽有金其陰有鐵肥水出焉而東流注于皋澤其中多礨石未詳也音雷或作壘碨礨大石貌或曰石名敞鐵之水出焉而北流注于大澤

又北百八十里曰白馬之山其陽多石玉其陰多鐵多赤銅木馬之水出焉而東北流注于虖沱呼佗二音

又北二百里曰空桑之山無草木冬夏上已有此山疑同名也

有雪空桑之水出焉東流注于虖沱

又北三百里曰泰戲之山無草木多金玉有獸焉其

狀如羊一角一目目在耳後其名曰辣辣音屋棟之棟其

鳴自訓虖沱之水出焉今虖沱水出鴈門鹵成縣南武夫山而東流注于

漊水音樓液女之水出于其陽南流注于沁水液音悅懌之懌

又北三百里曰石山多藏金玉濩濩之水出焉濩音尺蠖之蠖而東流注于虖沱鮮于之水出焉而南流注于虖

沱

又北二百里曰童戎之山皋涂之水出焉而東流注于漊液水

又北三百里曰高是之山（今在靈丘縣北地）滋水出焉（音慈）而南流注于虖沱其木多椶其草多條滱水出焉（音寇）東流注于河（過博陵縣南又東北入于易水）

又北三百里曰陸山多美玉鄭水出焉（或作鄭水）而東流注于河

又北二百里曰沂山（音祈）般水出焉（音盤）而東流注于河

北百二十里曰燕山多嬰石（言石似玉有符彩嬰帶所謂燕石者）燕水

出焉東流注于河

又北山行五百里水行五百里至于饒山是無草木多瑤碧其獸多橐駝其鳥多鶹(未詳或曰鶹鵂鶹也)歷虢之水出焉而東流注于河其中有師魚食之殺人(未詳或作鯢)

又北四百里曰乾山無草木其陽有金玉其陰有鐵而無水有獸焉其狀如牛而三足其名曰獂(音元)其鳴自詨

又北五百里曰倫山倫水出焉而東流注于河有獸焉其狀如麋其川在尾上(川竅也)其名曰羆

又北五百里曰碣石之山（水經曰碣石山今在遼西臨渝縣南水中或曰在右北平驪城縣海邊山）繩水出焉而東流注于河其中多蒲夷之魚（未詳）其上有玉其下多青碧

又北水行五百里至于鴈門之山無草木（鴈門山即北陵西隃鴈之所出因以名云在高柳北）

又北水行四百里至于泰澤其中有山焉曰帝都之山廣員百里無草木有玉金

又北五百里曰錞于毋逢之山北望雞號之山其風如飈（飈急風貌也音戾或云飄風也）西望幽都之山浴水出焉（浴即黑水）

也是有大蛇赤首白身其音如牛見則其邑大旱

凡北次三經之首自太行之山以至于無逢之山凡四十六山萬二千三百五十里其神狀皆馬身而人面者廿神其祠之皆用一藻茝瘞之藻聚藻茝香草蘭之類音昌代反其十四神狀皆彘身而載玉其祠之皆玉不瘞不埋所用玉也其十神狀皆彘身而八足蛇尾其祠之皆用一璧瘞之大凡四十四神皆用稌糈米祠之此皆不火食

右北經之山志凡八十七山二萬三千二百三十里

東經第四

郭氏傳

東山經之首曰樕螽之山速株二音北臨乾昧亦山名也音妹食水出焉而東北流注于海其中多鱅鱅之魚音容其狀如犂牛牛似虎文者其音如彘鳴

又南三百里曰藟山音誄其上有玉其下有金湖水出焉東流注于食水其中多活師科斗也爾雅謂之活東

又南三百里曰栒狀之山其上多金玉其下多青碧石有獸焉其狀如犬六足其名曰從從其鳴自詨有

鳥焉其狀如鷄而鼠毛其名曰蚩鼠音咨見則其邑大旱𣲗水出焉音枳而北流注于湖水其中多箴魚其狀如儵其喙如箴出東海今江東水中亦有之食之無疫疾

又南三百里曰勃亝之山無草木無水

又南三百里曰番條之山無草木多沙減水出焉音同減損之減北流注于海其中多鱤魚一名黄頰音感

又南四百里曰姑兒之山其上多漆其下多桑柘姑兒之水出焉北流注于海其中多鱤魚

又南四百里曰高氏之山其上多玉其下多箴石可以

為砥針治癰腫者諸繩之水出焉東流注于澤其中多金玉

又南三百里曰嶽山其上多桑其下多樗濼水出焉（音樂）東流注于澤其中多金玉

又南三百里曰犲山其上無草木其下多水其中多堪孖之魚（未詳音序）有獸焉其狀如夸父而彘毛其音如呼見則天下大水

又南三百里曰獨山其上多金玉其下多美石末塗之水出焉而東南流注于沔其中多偹蟰（條容二音）其狀如黃蛇魚翼出入有光見則其邑大旱

又南三百里曰泰山即東嶽岱宗也今在泰山奉高縣西北從山下至頂四十八里三百步也其上多玉其下多金有獸焉其狀如豚而有珠名曰狪狪音如吟桐之桐其名自訆環水出焉東流注于江一作海其中多水玉

又南三百里曰竹山錞于江一作淮無草木多瑤碧激水出焉而東南流注于娶檀之水其中多茈蠃

凡東山經之首自樕螽之山以至于竹山凡十二山三千六百里其神狀皆人身龍首祠毛用一犬祈聃用魚以血塗祭為聃也公羊傳云蓋叩其鼻以聃社音釣餌之餌

東次二經之首曰空桑之山（此山出琴瑟材見周禮也）北臨食水東望沮吳南望沙陵西望湣澤（音旻）有獸焉其狀如牛而虎文其音如欽（或作吟）其名曰軨軨（音靈）其鳴自叫見則天下大水

又南六百里曰曹夕之山其下多穀而無水多鳥獸

又西南四百里曰嶧皐之山（音亦）其上多金玉其下多白堊嶧皐之水出焉東流注于激女之水其中多蜃珧（蜃蚌也珧玉珧亦蚌屬腎遙兩音）

又南水行五百里流沙三百里至于葛山之尾無草

本多砥礪
又南三百八十里曰葛山之首無草木澧水出焉音礼
東流注于余澤其中多珠鱉魚音鱉其狀如肺而有目
六足有珠其味酸甘食之無癘無時氣病也呂氏春秋曰澧水之魚名曰朱鱉六足有珠魚之美也
又南三百八十里曰餘峩之山其上多梓枏其下多
荆芑雜余之水出焉東流注于黃水有獸焉其狀如
菟而鳥喙鴟目蛇尾見人則眠言佯死也名曰犰狳仇餘二音
其鳴自訆見則螽蝗為敗螽蝗類也言傷敗田苗螽音終

又南三百里曰杜父之山無草木多水

又南三百里曰耿山無草木多水碧亦水玉類多大蛇有獸焉其狀如狐而魚翼其名曰朱獳音儒其鳴自叫見則其國有恐

又南三百里曰盧其之山無草木多沙石沙水出焉南流注于涔水其中多鵹鶘音黎其狀如鴛鴦而人足其鳴自訆見則其國多土功今鵜胡足頗有似人脚形狀也

又南三百八十里曰姑射之山無草木多水

又南水行三百里流沙百里曰北姑射之山無草木

多石

又南三百里曰南姑射之山無草木多水

又南三百里曰碧山無草木多大蛇多碧水玉

又南五百里曰緱氏之山無草木多金玉原水出焉東流注于沙澤（一曰侯氏之山）

又南三百里曰姑逢之山無草木多金玉有獸焉其狀如狐而有翼其音如鴻鴈其名曰獙獙（音斃）見則天下大旱

又南五百里曰鳧麗之山其上多金玉其下多箴石

有獸焉其狀如狐而九尾九首虎爪名曰蠪蛭（龍蛭二音）其音如嬰兒是食人

又南五百里曰硜山（音一真反）南臨硜水東望湖澤有獸焉其狀如馬而羊目四角牛尾其音如獆狗其名曰峳峳（音攸）見則其國多狡客（狡狡猾也）有鳥焉其狀如鳧而鼠尾善登木其名曰絜鉤見則其國多疫

凡東次二經之首自空桑之山至于硜山凡十七山六千六百四十里其神狀皆獸身人面載觡（麋鹿屬角為觡音格）其祠毛用一雞祈嬰用一璧瘞

又東次三經之首曰尸胡之山北望𡿴山（音詳）其上多金玉其下多棘有獸焉其狀如麋而魚目名曰妴胡（音婉）其鳴自訆

又南水行八百里曰峳山其木多桃李其獸多虎

又南水行五百里曰諸鉤之山無草木多沙石是山也廣員百里多寐魚（即鮇魚音味）

又南水行七百里曰中父之山無草木多沙

又東水行千里曰胡射之山無草木多沙石

又南水行七百里曰孟子之山其木多梓桐多桃李

其草多菌蒲未詳音膕胭之膕其獸多麋鹿是山也廣員百里其上有水出焉名曰碧陽其中多鱣鮪鮪即鱏也似鱣而長鼻體無鱗甲別名鮔鱑一名鮥也

又南水行五百里曰流沙行五百里有山焉曰䟴踵之山䟴音企廣員二百里無草木有大蛇其上多玉有水焉廣員四十里皆涌今河東汾陰縣有濚水源在地底濆沸涌出其深無限即此類也其名曰深澤其中多蠵龜蠵觜蠵大龜也甲有文彩似瑇瑁而薄音遺知反有魚焉其狀如鯉而六足鳥尾名曰鮯鮯之魚音蛤其鳴自叫

又南水行九百里曰踇隅之山音敏字其上有草木多
金玉多赭有獸焉其狀如牛而馬尾名曰精精其鳴
自叫
又南水行五百里流沙三百里至于無皐之山南望
幼海即少海也淮南子曰東方有渚曰少海東望榑木扶桑二音無草木多
風是山也廣員百里
凡東次三經之首自尸胡之山至于無睪之山凡十
九山六千九百里其神狀皆人身而羊角其祠用一
牡羊米用黍是神也見則風雨水為敗

又東次四經之首曰北號之山臨于北海有木焉其狀如楊赤華其實如棗而無核其味酸甘食之不瘧食水出焉而東北流注于海有獸焉其狀如狼赤首鼠目其音如豚名曰猲狙葛苴二音是食人有鳥焉其狀如鷄而白首鼠足而虎爪其名曰鬿雀音祈亦食人

又南三百里曰旄山無草木蒼體之水出焉而西流注于展水其中多鱃魚今蝦鰌字亦或作鰡秋音其狀如鯉而大首食者不疣

又南三百二十里曰東始之山上多蒼玉有木焉其

狀如楊而赤理其汁如血不實其名曰芑音起可以服
馬以汁塗之則馬調良泚水出焉而東北流注于海其中多美
貝多茈魚其狀如鮒一首而十身其臭如蘪蕪食之
不䊨孚謂反止失氣也
又東南三百里曰女烝之山其上無草木石膏水出
焉而西注于鬲水其中多薄魚其狀如鱣魚而一目
其音如歐如人嘔吐聲也見則天下大旱
又東南二百里曰欽山多金玉而無石師水出焉而
北流注于皋澤其中多鱃魚多文貝有獸焉其狀如

豚而有牙其名曰當康其鳴自叫見則天下大穰
又東南二百里曰子桐之山子桐之水出焉而西流
注于餘如之澤其中多䱻魚(音滑)其狀如魚而鳥翼出
入有光其音如鴛鴦見則天下大旱
又東北二百里曰剡山多金玉有獸焉其狀如彘而
人面黃身而赤尾其名曰合窳(音庾)其音如嬰兒是獸
也食人亦食蟲蛇見則天下大水
又東二百里曰太山上多金玉楨木(女楨也葉冬不凋)有獸
焉其狀如牛而白首一目而蛇尾其名曰蜚(音如翡翠之翡)

行水則竭行草則死見則天下大疫言其體含災氣也其銘曰蜚之爲名體似無害所經枯竭甚於鴆厲萬物斯懼思爾遐逝鈎水出焉而北流注于勞水其中多鱃魚

凡東次四經之首自北號之山至于大山凡八山一千七百二十里

右東經之山志凡四十六山萬八千八百六十里

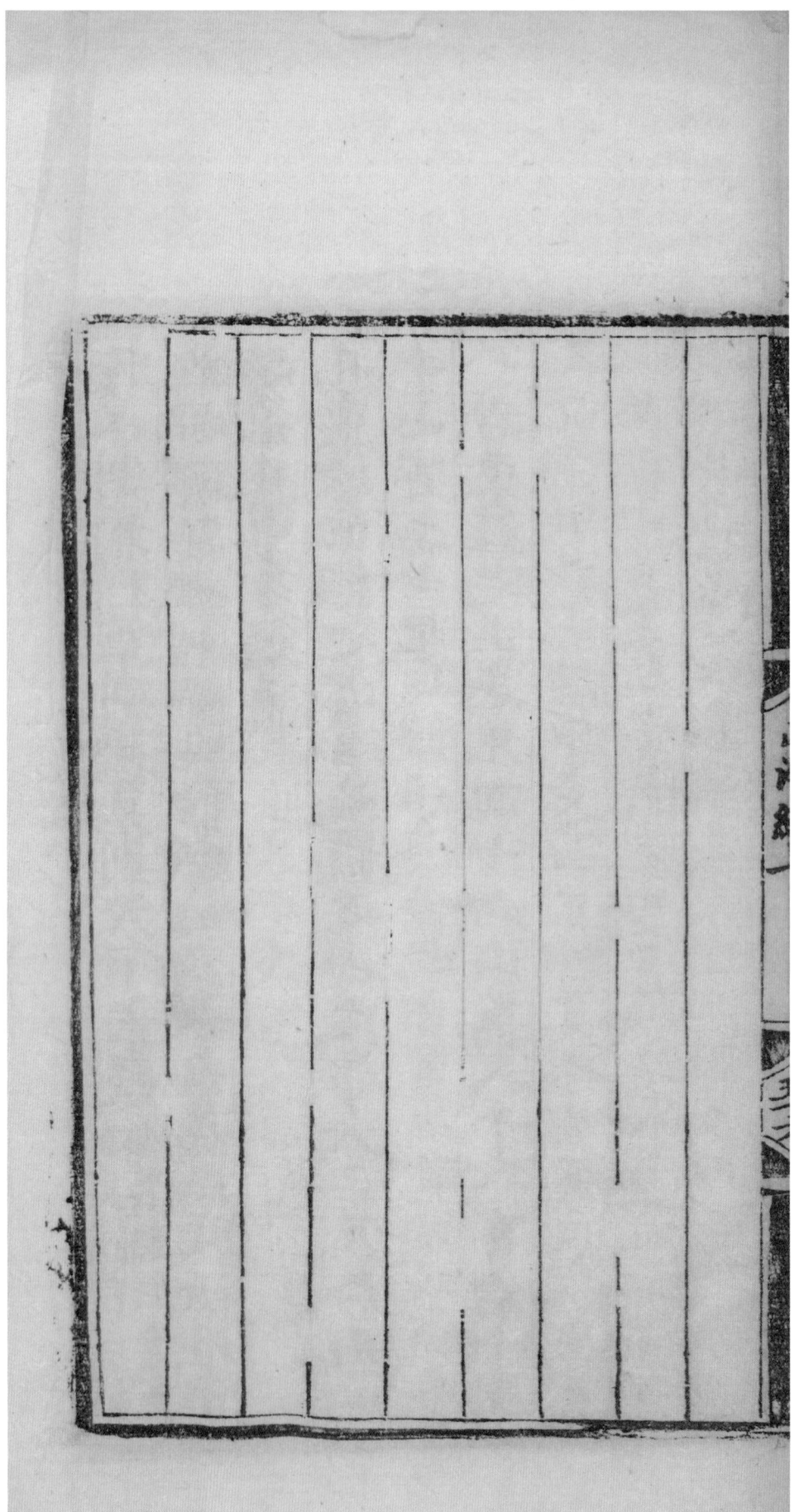

中山經第五　郭氏傳

中山經薄山之首曰甘棗之山共水出焉音恭而西流注于河其上多杻木其下有草焉葵本而杏葉或作楉葉黄華而莢實名曰籜他落反可以已瞢音盲有獸焉其狀如㺐鼠而文題㺐鼠所未詳音虺字亦或作虺其名曰𪕮音那或作熊也食之已瘿

又東二十里曰歷兒之山其上多橿多櫔木音厲是木也方莖而員葉黄華而毛其實如拺拺木名子如指頭白而粘可以浣衣也音練或作簡服之不忘

又東十五里曰渠豬之山其上多竹渠豬之水出焉
而南流注于河其中是多豪魚狀如鮪（鮪似鱣也）赤喙尾
赤羽可以已白癬
又東三十五里曰葱聾之山其中多大谷是多白堊
黑青黃堊（言有雜色堊也）
又東十五里曰涹山（音倭）其上多赤銅其陰多鐵
又東七十里曰脫扈之山有草焉其狀如葵葉而赤
華莢實實如椶莢（今椶木莢似皁莢也）名曰植楮可以已癙（癙病
也淮南子曰貍頭已癙也）食之不眯

又東二十里曰金星之山多天嬰其狀如龍骨可以已痤（癰痤也）

又東七十里曰泰威之山其中有谷曰梟谷其中多鐵（或無谷字）

又東十五里曰橿谷之山其中多赤銅（或作檀谷之山）

又東百二十里曰吳林之山其中多葌草（亦菅字）

又北三十里曰牛首之山（今長安西南有牛首山上有館下有水未知此是非）有草焉名曰鬼草其葉如葵而赤莖其秀如禾服之不憂勞水出焉而西流注于潏水（音如譎詐之譎）是多飛魚

其狀如鮒魚食之已痔衕

又北四十里曰霍山（今平陽永安縣廬江灊縣晉安羅江縣河南鞏縣皆有霍山明山以霍爲名者非一矣按爾雅大山繞小山爲霍）其木多穀有獸焉其狀如貍而白尾有鬛名曰朏朏養之可以已憂（謂蓄養之也普昧反）

又北五十二里曰合谷之山是多薝棘（未詳音瞻）

又北三十五里曰陰山（亦曰險山）多礪石文石（礪石中磨者）少水出焉其中多彫棠其葉如榆葉而方其實如赤菽（菽豆）食之已聾

又東北四百里曰鼓鐙之山多赤銅有草焉名曰榮

草其葉如柳其本如鷄卵食之已風

凡薄山之首自甘棗之山至于鼓鐙之山凡十五山六千六百七十里歷兒冢也其祠禮毛太牢之具縣以吉玉縣祭山之名也見爾雅其餘十三山者毛用一羊縣嬰用桑封瘞而不糈桑封者桑主也方其下而銳其上而中穿之加金言作神主而祭以金銀飾之也公羊傳曰虞主用桑主或作玉

中次二經濟山之首曰煇諸之山其上多桑其獸多閭麋其鳥多鶡似雉而大青色有毛勇健鬭死乃止音曷出上黨也

又西南二百里曰發視之山其上多金玉其下多砥

礪即魚之水出焉而西流注于伊水
又西三百里曰豪山其上多金玉而無草木
又西三百里曰鮮山多金玉無草木鮮水出焉而北
流注于伊水其中多鳴蛇其狀如蛇而四翼其音如
磬見則其邑大旱
又西三百里曰陽山多石無草木陽水出焉而北流
注于伊水其中多化蛇其狀如人面而豺身鳥翼而
蛇行其音如叱呼見則其邑大水
又西二百里曰昆吾之山其上多赤銅此山出名銅色赤如火以

之作刀切玉如割泥也周穆王時西戎獻之尸子所謂昆吾之劒也越絶書曰赤堇之山破而出錫若耶之谷涸而出銅歐冶子因以爲純鈎之劒汲郡冢中得銅劒一枝長三尺五寸乃今所名爲干將劒汲郡亦皆非鐵也明古者通以錫雜銅爲兵器也有獸焉其狀如彘而有角其音如號如人號哭名曰蠪蚳上已有此獸疑同名食之不眯

又西百二十里曰葌山音間葌水出焉而北流注于伊水其上多金玉其下多青雄黃有木焉其狀如棠而赤葉名曰芒草音忘可以毒魚

又西一百五十里曰獨蘇之山無草木而多水

又西二百里曰蔓渠之山其上多金玉其下多竹箭

伊水出焉而東流注于洛（今伊水出上洛盧氏縣熊耳山東北至河南洛陽縣入洛）有獸焉其名曰馬腹其狀如人面虎身其音如嬰兒是食人

凡濟山經之首自煇諸之山至于蔓渠之山凡九山一千六百七十里其神皆人面而鳥身祠用毛（擇用毛色）用一吉玉投而不糈

中次三經萯山之首曰敖岸之山（或作獻萯音倍）其陽多㻬琈之玉其陰多赭黃金神熏池居之是常出美玉（或作石）北望河林其狀如蒨如舉（說者云蒨舉皆木名也未詳蒨音倩）有獸

焉其狀如白鹿而四角名曰夫諸見則其邑大水

又東十里曰青要之山實維帝之密都（天帝曲密之邑）北望河曲（河千里一曲一直也）是多駕鳥（未詳也或曰駕宜爲駕鴐鵝也音加）南望墠渚（水中小洲名渚墠音填也）禹父之所化（鯀化於羽淵爲黃熊今復云在此然則一已有變怪之性者亦無往而不化也）是多僕纍蒲盧（僕纍蝸牛也爾雅曰蒲盧者螟蛉也）䰠武羅司之（武羅神名䰠即神字）其狀人面而豹文小腰而白齒（或作首）而穿耳以鐻（鐻金銀器之名未詳也音渠）其鳴如鳴玉（如人鳴玉佩聲）是山也宜女子畛水出焉（音軫）而北流注于河其中有鳥焉名曰鴢（音如窈窕之窈）其狀如鳧青身而朱目赤尾

食之宜子（朱淺赤也）有草焉其狀如葌（菅似茅也）而方莖黃華赤實其本如藁本（根似藁本亦香草）名曰荀草（或作苞草）服之美人色（令人更美豔）

又東十里曰騩山（音巍）其上有美棗其陰有㻬琈之玉正回之水出焉而北流注于河其中多飛魚其狀如豚而赤文服之不畏雷可以禦兵

又東四十里曰宜蘇之山其上多金玉其下多蔓居之木（未詳）滽滽之水出焉（音容）而北流注于河是多黃貝

又東二十里曰和山其上無草木而多瑤碧實惟河

之九都（九水所潛故曰九都）是山也五曲（曲回五重）九水出焉合而北流注于河其中多蒼玉吉神泰逢司之（吉猶善也）其狀如人而虎尾（或作雀尾）是好居于萯山之陽出入有光太逢神動天地氣也（言其有靈爽能興雲雨也夏后孔甲田於萯山之下天大風晦冥孔甲迷惑入于民室見呂氏春秋也）

凡萯山之首自敖岸之山至于和山凡五山四百四十里其祠太逢熏池武羅皆一牡羊副（副謂破羊骨磔之以祭也見周禮音悃愊之愊）嬰用吉玉其二神用一雄雞瘞之糈用稌

中次四經釐山之首（音狸）曰鹿蹄之山其上多玉其下

多金甘水出焉而北流注于洛其中多泠石未聞也泠或作涂
西五十里曰扶豬之山其上多礝石音耎今鴈門山中出礝石白者
如水水中有赤色者有獸焉其狀如貉而人目貉或作貊古字其名曰麐
音銀或作麇虢水出焉而北流注于洛其中多[illegible]石[illegible]水中[illegible]出
又西一百二十里曰釐山其陽多玉其陰多蒐音搜茅蒐
今之蒨草也有獸焉其狀如牛蒼身其音如嬰兒是食人
其名曰犀渠濂濂之水出焉而南流注于伊水有獸
焉名曰獺音蒼頡之頡其狀如獳犬而有鱗其毛如彘鬣
牛鱗間也

又西二百里曰箕尾之山多穀多涂石其上多㻬琈之玉

又西二百五十里曰柄山其上多玉其下多銅滔雕之水出焉而北流注于洛其中多羬羊有木焉其狀如樗其葉如桐而莢實其名曰茇可以毒魚茇一作艾

又西二百里曰白邊之山其上多金玉其下多青雄黃

又西二百里曰熊耳之山今在上洛縣南其上多漆其下多椶浮濠之水出焉而西流注于洛其中多水玉多人魚

有草焉其狀如蘇而赤華名曰葶薴（亭寧耵聹二音）可以毒魚

又西三百里曰牡山其上多文石其下多竹箭竹䉋其獸多㸲牛羬羊鳥多赤鷩（音閉即鷩雉也）

又西三百五十里曰讙舉之山雒水出焉而東北流注于玄扈之水其中多馬腸之物此二山者洛間也（洛水今出上洛縣冢嶺山河圖曰玄扈洛汭謂此間也）

凡鼚山之首自鹿蹄之山至于玄扈之山凡九山千六百七十里其神狀皆人面獸身其祠之毛用一白

鷄祈而不糈言直祈禱以彩衣之以彩飾鷄

中次五經薄山之首曰苟林之山或作苟林山無草木多怪石怪石似玉也書曰鉛松怪石也

東三百里曰首山其陰多穀柞草多茉芫茉山薊也芫華中藥其陽多㻬琈之玉木多槐其陰有谷曰机谷多䳋鳥音如鉗釱之釱其狀如梟而三目有耳其音如錄食之已墊未聞

又東三百里曰縣斸之山音如斤斸之斸無草木多文石

又東三百里曰葱聾之山無草木多摩石未詳

東北五百里曰條谷之山其木多槐桐其草多芍藥虋冬本草經曰虋冬一名滿冬今作門俗作耳

又北十里曰超山其陰多蒼玉其陽有井冬有水而夏竭

又東五百里曰成侯之山其上多櫄木似樗樹材中車轅吳人呼櫄音輴車或曰輴車其草多芃

又東五百里曰朝歌之山谷多美堊

又東五百里曰槐山谷多金錫

又東十里曰歷山其木多槐其陽多玉

又東十里曰尸山多蒼玉其獸多麖 似麞而小黑色 尸水出焉南流注于洛水其中多美玉

又東十里曰良餘之山其上多穀柞無石餘水出于其陰而北流注于河乳水出于其陽而東南流注于洛

又東南十里曰蠱尾之山多礪石赤銅龍餘之水出焉而東南流注于洛

又東北二十里曰升山其木多穀柞棘其草多藷藇蕙 蕙香草也 多寇脫 寇脫草生南方高丈許似荷葉而莖中有瓤正白零桂人植而日灌之以

（為樹也）黃酸之水出焉而北流注于河其中多璇玉（石次玉者也荀卿曰璇玉瑤珠不知佩音旋）

又東十二里曰陽虛之山多金臨于玄扈之水（河圖曰蒼頡為帝南巡狩登陽虛之山臨于玄扈洛汭靈龜負書丹甲青文以授之出此水中也）

凡薄山之首自苟林之山至于陽虛之山凡十六山二千九百八十二里升山冢也其祠禮太牢嬰用吉玉首山魋也其祠用稌黑犧太牢之具蘗釀（以蘗作醴酒也）干儛（干儛萬儛干楯也）置鼓（擊之以儛）嬰用一璧尸水合天也（天神之所馮也）肥牲祠之用一黑犬于上用一雌雞于下刉一

牝羊獻血以血祭[illegible]刲也周禮曰刉衈奉犬牲嬰用吉玉彩之又加以繒綵之節也饗之勸強之也特牲饋食禮曰執奠祝饗是也

中次六經縞羝山之首曰平逢之山南望伊洛東望穀城之山在濟北穀城縣西黃石公石在此山下張良取以合葬爾無草無木水多沙石有神焉其狀如人而二首名曰驕蟲是為螫蟲為螫蟲之長實惟蜂蜜之廬言群蜂之所舍集蜜赤蜂名其祠之用一雄雞禳而勿殺禳亦祭名謂禳卻惡氣也

西十里曰縞羝之山無草木多金玉

又西十里曰廆山音如瓌偉之瓌其陰多㻬琈之玉其西有

谷焉名曰雚谷其木多柳楮其中有鳥焉狀如山鷄

而長尾赤如丹火而青喙名曰鴒鸚（鈴婴二音）其鳴自呼

服之不眯交觴之水出于其陽而南流注于洛俞隨

之水出于其陰而北流注于穀水

又西三十里曰瞻諸之山其陽多金其陰多文石謝

水出焉（音謝）而東南流注于洛少水出其陰而東流注

于穀水（世謂之慈澗）

又西三十里曰婁涿之山無草木多金玉瞻水出于

其陽而東流注于洛陂水出于其陰（世謂之百荅水）而北流

注于穀水其中多茈石文石
又西四十里曰白石之山惠水出于其陽而南流注
于洛其中多水玉澗水出于其陰書曰伊洛瀍澗西北流注
于穀水其中多麋石櫨丹皆未聞
又西五十里曰穀山其上多穀其下多桑爽水出焉
世謂之紵麻澗而西北流注于穀水其中多碧綠
又西七十二里曰密山今滎陽密縣亦有密山疑非也其陽多玉其
陰多鐵豪水出焉而南流注于洛其中多旋龜其狀
鳥首而鼈尾其音如判木無草木

又西百里曰長石之山無草木多金玉其西有谷焉名曰共谷多竹共水出焉西南流注于洛其中多鳴石晉永康元年襄陽郡上鳴石似玉色青撞之聲聞七八里今零陵泉陵縣永正鄉有鳴石二所其一狀如鼓俗因名為石鼓即此類也

又西一百四十里曰傅山無草木多瑤碧厭染之水出于其陽而南流注于洛其中多人魚其西有林焉名曰墦冢音番穀水出焉而東流注于洛今穀水出穀陽谷東北至穀城縣入洛河其中多珚玉未聞也珚音堙

又西五十里曰槖山其木多樗多𣙙木今蜀中有𣙙木七八月中

（吐穗穗成如有鹽粉著狀可以酹㚇音備）其陽多金玉其陰多鐵多蕭（蕭蒿）

（見爾雅）橐水出焉而北流注于河其中多脩辟之魚狀如鼃（鼃蛙屬也）而白喙其音如鴟食之已白癬

又西九十里曰常烝之山無草木多堊潐水出焉（音譙）而東北流注于河其中多蒼玉菑水出焉而北流注于河

又西九十里曰夸父之山其木多椶柟多竹箭其獸多㸲牛羬羊其鳥多鷩其陽多玉其陰多鐵其北有林焉名曰桃林是廣員三百里其中多馬（桃林今弘農湖縣閿）

鄉南谷中是也饒野馬山羊山牛也湖水出焉而北流注于河其中多

珚玉

又西九十里曰陽華之山其陽多金玉其陰多青雄

黃其草多藷萸多苦辛其狀如橚即楸字也其實如瓜其

味酸甘食之已瘧楊水出焉而西南流注于洛其中

多人魚門水出焉而東北流注于河其中多玄礵黑砥

石生水中緍姑之水出于其陰緍音藉而東流注于門水其

上多銅門水至于河七百九十里入雒水

凡縞羝山之首自平逢之山至于陽華之山凡十四

山七百九十里嶽在其中以六月祭之（六月亦歲之中）如諸
嶽之祠法則天下安寧
中次七經苦山之首曰休與之山（與或作与下同）其上有石
焉名曰帝臺之棋（帝臺神人名棋謂博棊也）五色而文其狀如鶉
卵帝臺之石所以禱百神者也（禱祀百神則用此石）服之不蠱
有草焉其狀如蓍赤葉而本叢生名曰風條可以為
簳（中箭笴也）
東三百里曰鼓鍾之山帝臺之所以觴百神也（舉觴燕會
則於此山因名為鼓鍾也）有草焉方莖而黃華員葉而三成（葉三重也）

其名曰焉酸可以爲毒（爲治）其上多礪其下多砥

又東二百里曰姑媱之山（音遙或無之山字）帝女死焉其名曰女尸化爲䔄草其葉胥成（言葉相重也亦音遙）其華黃其實如菟丘（菟丘菟絲也見爾雅）服之媚於人（爲人所愛也傳曰人服媚之如是一名荒夫草）

又東二十里曰苦山有獸焉名曰山膏其狀如逐（即豚字）赤若丹火善詈（好罵人）其上有木焉名曰黃棘黃華而員葉其實如蘭服之不字（字生也易曰女子貞不字）有草焉員葉而無莖赤華而不實名曰無條服之不癭

又東二十七里曰堵山神天愚居之是多怪風雨其上有木焉名曰天楄（音鞭）方莖而葵狀服者不噎（食不噎也）

又東五十二里曰放皋之山（放或作効又作牧）明水出焉南流注于伊水其中多蒼玉有木焉其葉如槐黃華而不實其名曰蒙木服之不惑有獸焉其狀如蜂枝尾而反舌善呼（好呼喚也）其名曰文文

又東五十七里曰大𦮻之山多㻬琈之玉多麋玉（未詳）有草焉其狀葉如榆方莖而蒼傷其名曰牛傷（猶言牛棘）其根蒼文服者不厥（厥逆氣病）可以禦兵其陽狂水出焉

西南流注于伊水其中多三足龜今吳興陽羨縣有君山山上有池水中有三足六眼龜鼈龜二足者名賁出爾雅二食者無大疾可以已腫

又東七十里曰半石之山其上有草焉生而秀其高丈餘赤葉赤華華而不實初生先作穗卻着葉花生穗間其名曰嘉榮服之者不霆不畏雷霆霹靂也音廷搏之廷來需之水出于其陽而西流注于伊水其中多鯩魚音倫黑文其狀如鮒食者不睡合水出于其陰而北流注于洛多䲢魚音騰狀如鱖居逵鱖魚大口大目細鱗有斑彩逵水中之穴道交通者鱖音劌蒼文赤尾食者不癰可以為瘻瘻癰屬也中多有蟲淮南子曰雞頭已瘻音漏

又東五十里曰少室之山（今在河南陽城西俗名泰室）百草木成囷（未詳）其上有木焉其名曰帝休葉狀如楊其枝五衢（言樹枝交錯相重五出有象衢路也離騷曰靡萍九衢）黃華黑實服者不怒其上多玉（此山巔亦有白玉膏得服之即得仙道世人不能上也時含神霧云）其下多鐵休水出焉而北流注于洛其中多鯑魚狀如盩蜼（未詳）（盩音偫）而長距足白而對（未詳）食者無蠱疾可以禦兵

又東三十里曰泰室之山（即中嶽嵩高山也今在陽城縣西）其上有木焉葉狀如棃而赤理其名曰栯木（音郁）服者不妒有草焉其狀如茉（朮似薊也）白華黑實澤如蘡薁（言子滑澤）其名

曰藷草服之不眛上多美石（次玉者也啓母化爲石而生啓在此山見淮南子）
又北三十里曰講山其上多玉多柘多柏有木焉名
曰帝屋葉狀如椒反傷赤實（反傷刺下勾也）可以禦凶
又北三十里曰嬰梁之山上多蒼玉錞于玄石（言蒼玉依黑石而生也或曰錞于樂器名形似椎頭）
又東三十里曰浮戲之山有木焉葉狀如樗而赤實
名曰亢木食之不蠱汜水出焉而北流注于河其東
有谷因名曰蛇谷（言中出蛇故名之）上多少辛（細辛也）
又東四十里曰少陘之山有草焉名曰䓤草（音剛）葉狀

如葵而赤莖白華實如蘡薁食之不愚〔言益人智〕器難之
水出焉〔或作囂〕而北流注于役水〔一作侵〕
又東南十里曰太山〔別有東小太山今在朱虛縣汶水所出疑此非也〕有草
焉名曰梨其葉狀如荻〔荻亦蒿也音狄〕而赤華可以已疽太
水出于其陽而東南流注于役水承水出于其陰而
東北流注于役〔世謂之靖澗水〕
又東二十里曰末山上多赤金末水出焉北流注于
役〔水經作沫〕
又東二十五里曰役山上多白金多鐵役水出焉北

注于河

又東三十五里曰敏山上有木焉其狀如荆白華而赤實名曰葪（音計）柏服者不寒（令人耐寒）其陽多㻬琈之玉

又東三十里曰大騩之山（今滎陽密縣有大騩山騩因溱水所出音歸）其陰多鐵美玉青堊有草焉其狀如蓍而毛青華而白實其名曰䓘（音狼戾）服之不夭（言盡壽也或作芺）可以為腹病（為治也一作已）

凡苦山之首自休與之山至于大騩之山凡十有九山千一百八十四里其十六神者皆豕身而人面其

祠毛牷用一羊羞（言以羊為薦羞）嬰用一藻玉瘞（藻玉，玉有五彩者也。或曰所以盛玉藻藉也）苦山少室太室皆冢也其祠之太牢之具嬰以吉玉其神狀皆人面而三首其餘屬皆豕身人面也

中次八經荊山之首曰景山（今在南郡界中）其上多金玉其木多杼檀（杼音椽柱之柱）雎水出焉（雎音癰疽之疽）東南流注于江（今雎水出新城魏昌縣東南發阿山東南至南郡枝江縣入江也）其中多丹粟多文魚（有斑）

東北百里曰荊山（今在新城沐鄉縣南）其陰多鐵其陽多赤金

其中多犛牛〔旄牛屬也黑色出西南徼外也音貍一音來〕多豹虎其木多松柏其草多竹多橘櫾〔櫾似橘而大也皮厚味酸〕漳水出焉而東南流注于雎〔出荆山至南郡當陽縣入沮水〕其中多黃金多鮫魚〔鮫鮒魚類也皮有珠文而堅尾長三四尺末有毒螫人皮可飾刀劍口錯治材角今臨海郡亦有之音交〕其獸多閭麋〔似鹿而大也〕

又東北百五十里曰驕山其上多玉其下多青雘其木多松柏多桃枝鉤端神蟲圍處之〔蟲音鼉魚之鼉〕其狀如人面羊角虎爪恒遊于雎漳之淵〔淵水之府奧也〕出入有光

又東北百二十里曰女几之山其上多玉其下多黃

金其獸多豹虎多閭麋麢麂麂似獐而大猥毛豹脚音几其鳥多白鷮鷮似雉而長尾走且鳴音驕多翟多鴆鴆大如鵰紫綠色長頸赤喙食蝮蛇頭雄名運日雌名陰諧也

又東北二百里曰宜諸之山其上多金玉其下多青雘洈水出焉音詭而南流注于漳今洈水出南郡東洈山至華容縣入江也其中多白玉

又東北三百五十里曰綸山音倫其木多梓枏多桃枝多柤栗橘櫾柤似梨而酢澀其獸多閭麈麢㲋㲋似菟而鹿脚青色音勅略反

又東北二百里曰陸鄗之山音如跪告之跪其上多㻬琈之玉其下多堊其木多杻橿

又東百三十里曰光山其上多碧其下多木神計蒙處之其狀人身而龍首恒遊于漳淵出入必有飄風暴雨

又東百五十里曰岐山其陽多赤金其陰多白珉石似玉者音旻其上多金玉其下多青雘其木多樗神涉蟲處之徒河切一作鼉契遊切其狀人身而方面三足

又東百三十里曰銅山其上多金銀鐵其木多穀柞

柤栗橘櫾其獸多犳

又東北一百里曰美山其獸多兕牛多閭麈多豕鹿其上多金其下多青雘

又東北百里曰大堯之山其木多松柏多梓桑多机其草多竹其獸多豹虎麢㚟

又東北三百里曰靈山其上多金玉其下多青雘其木多桃李梅杏（梅似杏而酢也）

又東北七十里曰龍山上多寓木（寄生也一名宛童見爾雅）其上多碧其下多赤錫其草多桃枝鉤端

又東南五十里曰衡山上多寓木穀柞多黃堊白堊

又東南七十里曰石山其上多金其下多青雘多寓木

又南百二十里曰若山其上多㻬琈之玉多赭（赤土）多邽石（未詳）多寓木多柘（若或作前）

又東南一百二十里曰彘山多美石多柘

又東南一百五十里曰玉山其上多金玉其下多碧鐵其木多栢（一作楢）

又東南七十里曰讙山其木多檀多邽石多白錫（今白

鐔也

郁水出于其上潛于其下其中多砥礪

又東北百五十里曰仁舉之山其木多穀柞其陽多赤金其陰多赭

又東五十里曰師每之山其陽多砥礪其陰多青雘其木多栢多檀多柘其草多竹

又東南二百里曰琴鼓之山其木多穀柞椒柘椒為樹小而叢生下有草木則蠚死其上多白珉其下多洗石其獸多豕鹿多白犀其鳥多鴆

凡荊山之首自景山至琴鼓之山凡二十三山二千

八百九十里其神狀皆鳥身而人面其祠用一雄雞祈瘞（禱請已埋之也）用一藻圭糈用稌驕山冢也其祠用羞酒少牢祈瘞嬰毛一璧

中次九經岷山之首曰女凡之山其上多石涅其木多杻橿其草多菊茉洛水出焉東注于江其中多雄黃（雄黃亦出水中）其獸多虎豹

又東北三百里曰岷山江水出焉（岷山今在汶山郡廣陽縣西大江所出）東北流注于海（至廣陽縣入海）其中多良龜（良善）多鼉（似蜥蜴大者長二丈有鱗彩皮可以冒鼓）其上多金玉其下多白珉其木多梅棠

其獸多犀象多夔牛今蜀山中有大牛重數千斤名為夔牛晉太興元年此牛出上庸郡人弩射殺得三十八擔肉即爾雅所謂䰡其鳥多翰鷩白翰赤鷩又東北一百四十里曰崍山江水出焉邛來山今在漢嘉嚴道縣南江水所自出也山有九折坂出貊貊似熊而黒白駁亦食銅鐵也東流注大江其陽多黃金其陰多麋麈其木多檀柘其草多䪥韭多葯即蠶空奪即蛇被脫也又東一百五十里曰崌山音居江水出焉北江東流注于大江其中多怪蛇它今永昌郡有鉤蛇長數丈尾岐在水中鉤取岸上人牛馬啖之又呼馬絆蛇謂此類也多鰲魚音贄未聞其木多楢杻楢剛木也中車材音秋多

梅梓其獸多夔牛麢㚟犀兕有鳥焉狀如鷄而赤身白首其名曰竊脂今呼小青雀曲觜肉食者為竊脂疑此非也可以禦火

又東三百里曰高梁之山其上多堊其下多砥礪其木多桃枝鉤端有草焉狀如葵而赤華莢實白柎可以走馬

又東四百里曰蛇山其上多黃金其下多堊其木多栒多豫章其草多嘉榮少辛有獸焉其狀如狐而白尾長耳名㹢狼音巳見則國內有兵一作國有亂

又東五百里曰鬲山其陽多金其陰多白珉蒲鷉音虒

之水出焉而東流注于江其中多白玉其獸多犀象熊羆多猨蜼（蜼似獮猴鼻露上向尾四五尺頭有岐蒼黃色雨則自縣樹以尾塞鼻孔或以兩指塞之）

又東北三百里曰隅陽之山其上多金玉其下多青雘其木多梓桑其草多茈徐之水出焉東流注于江其中多丹粟

又東二百五十里曰岐山（今在扶風美陽縣西）其上多白金其下多鐵其木多梅梓（梅或作藪音）多杻楢減水出焉東南流注于江

又東三百里曰句檷之山（音絲梠之梠）其上多玉其下多黃金其木多櫟柘其草多芍藥

又東一百五十里曰風雨之山其上多白金其下多石涅其木多棷樿（棷木未詳也樿木白理中櫛騶善二音）多楊宣余之水出焉東流注于江其中多蛇其獸多閭麋多麈豹虎其鳥多白鷮

又東北二百里曰玉山其陽多銅其陰多赤金其木多豫樟楢杻其獸多豕鹿麢㲋其鳥多鴆

又東一百五十里曰熊山有穴焉熊之穴恒出神人

夏啓而冬閉是穴也冬啓乃必有兵今鄴西北有鼓山下有石鼓象懸著山旁鳴則有軍事與此穴殊象而同應其上多白玉其下多白金其木多樗柳其草多寇脫

又東一百四十里曰騩山其陽多美玉赤金其陰多鐵其木多桃枝荊芑

又東二百里曰葛山其上多赤金其下多瑊石瑊石勁石似玉也音緘其木多柤栗橘櫾楢杻其獸多麢㚖其草多嘉榮

又東一百七十里曰賈超之山其陽多黃堊其陰多

美赭其木多柤栗橘櫾其中多龍脩龍須也似莞而細生山石穴中莖倒垂可以為席

凡岷山之首自女几山至于賈超之山凡十六山三千五百里其神狀皆馬身而龍首其祠毛用一雄雞瘞糈用稌文山勾檷風雨騩之山是皆冢也其祠之羞酒先進酒以酹神少牢具嬰毛一吉玉熊山席也席者神之所憑止也其祠羞酒大牢具嬰毛一璧干儛用兵以禳禳祓除之祭名儛者持盾武儛也祈璆冕舞所求福祥也祭用玉儛者冕服也美玉曰璆巳求反

中次十經之首曰首陽之山其上多金玉無草木

又西五十里曰虎尾之山其木多椒椐多封石其陽多赤金其陰多鐵

又西南五十里曰繁繢之山音潰其木多楢杻其草多枝勾今山中有此草

又西南二十里曰勇石之山無草木多白金多水

又西二十里曰復州之山其木多檀其陽多黄金有鳥焉其狀如鴞而一足彘尾其名曰跂踵音企見則其國大疫跂踵為鳥一足似夔不為樂興反以來悲

又西三十里曰楮山多寓木多椒椐多柘多堊一作渚州之山

又西二十里曰又原之山其陽多青雘其陰多鐵其鳥多鸜鵒（鴝鵒也傳曰鴝鵒來巢音臞）

又西五十里曰涿山其木多穀柞杻其陽多㻬琈之玉

又西七十里曰丙山其木多梓檀多欽杻（欽義所未詳）

凡首陽山之首自首山至于丙山凡九山二百六十七里其神狀皆龍身而人面其祠之毛用一雄雞瘞糈用五種之糈堵山冢也其祠之少牢具羞酒祠嬰毛一璧瘞騩山帝也其祠羞酒太牢其合巫祝二人

𪊽嬰一璧
中次一十一山經荆山之首曰翼望之山湍水出焉
(鹿搏反)東流注于濟(今湍水逕南陽穰縣而入清水)䝞水出焉(音況)東南
流注于漢其中多蛟(似蛇而四脚小頭細頸頸有白癭大者十數圍卵如一二石甕
能吞人)其上多松柏其下多漆梓其陽多赤金其陰多
珉
又東北一百五十里曰朝歌之山潕水出焉(潕水今在南陽
舞陽縣音武)東南流注于滎其中多人魚其上多梓枏其
獸多麢麖有草焉名曰莽草可以毒魚(今用之殺魚)

又東南二百里曰帝囷之山（去倫反）其陽多㻬琈之玉其陰多鐵帝囷之水出于其上潛于其下多鳴蛇

又東南五十里曰視山其上多韭有井焉名曰天井夏有水冬竭其上多桑多美堊金玉

又東南二百里曰前山其木多櫧（音諸似柞子可食冬夏生作屋柱難腐或作儲）多柘其陽多金其陰多赭

又東南三百里曰豐山有獸焉其狀如蝯赤目赤喙黃身名曰雍和見則國有大恐神耕父處之常遊清泠之淵出入有光（清泠水在西號郊縣山上神來時水赤有光耀今有屋祠之）見

則其國爲敗有九鐘焉是知霜鳴霜降則鐘鳴故言知也物有自然感應而不可爲也其上多金其下多穀柞杻橿

又東北八百里曰兔牀之山其陽多鐵其木多藷藇其草多雞穀其本如雞卵其味酸甘食者利於人

又東六十里曰皮山多堊多赭其木多松柏

又東六十里曰瑤碧之山其木多梓枏其陰多青雘其陽多白金有鳥焉其狀如雉恒食蜚名曰鴆蜚負盤也音翡此更一種鳥非食蛇之鴆也

又東四十里曰支離之山濟水出焉南流注于漢今濟

水出酇縣西北山中南入漢酇讚音字亦同有鳥焉其名曰嬰勺其狀如鵲赤目赤喙白身其尾若勺似酒勺形其鳴自呼多㸲牛多羬羊

又東北五十里曰袟簡之山音彫其上多松柏机栢柏葉似柳皮黃不措子似楝著酒中飲之辟惡氣浣衣去垢核堅正黑可以間香纓一名括樓也

又西北一百里曰堇理之山其上多松柏多美梓其陰多丹雘多金其獸多豹虎有鳥焉其狀如鵲青身白喙白目白尾名曰青耕可以禦疫其鳴自叫

又東南三十里曰依軲之山音枯其上多杻橿多苴未詳

音巖有獸焉其狀如犬虎爪有甲其名曰獜言體有鱗甲音吝

善駚坌跳躍自撲也鼓奮兩音食者不風不畏天風

又東南三十五里曰即谷之山多美玉多玄豹黑豹也則

今荆州山中出黑虎也多閭麈多麢臭其陽多珉其陰多青雘

又東南四十里曰雞山其上多美梓多桑其草多韭

又東南五十里曰高前之山其上有水焉甚寒而清

或作潛帝臺之漿也今河東解縣南檀首山上有水潛出停不流俗名為盎漿即此類也

飲之者不心痛其上有金其下有赭

又東南三十里曰游戲之山多杻橿穀多玉多封石

又東南三十五里曰從山其上多松栢其下多竹從水出于其上潛于其下其中多三足鼈枝尾（三足鼈名能見爾雅）食之無蠱疫

又東南三十里曰嬰硜之山（音真）其上多松栢其下多梓櫄

又東南三十里曰畢山帝苑之水出焉東北流注于視其中多水玉多蛟其上多㻬琈之玉

又東南二十里曰樂馬之山有獸焉其狀如彙赤如丹火其名曰⿰犭戾（音戾）見則其國大疫

又東南二十五里曰葴山視水出焉（或曰視宜爲溉溉水今在南陽也）東南流注于汝水其中多人魚多蛟多頡（如青狗）

又東四十里曰嬰山其下多青雘其上多金玉

又東三十里曰虎首之山多苴椆椐（椆未詳也音彫）

又東二十里曰嬰侯之山其上多封石其下多赤錫

又東五十里曰大孰之山殺水出焉東北流注于視水其中多白堊

又東四十里曰卑山其上多桃李苴梓多纍（今虎豆貍豆之屬纍一名縢音誄）

又東三十里曰倚帝之山其上多玉其下多金有獸焉其狀如鼣鼠爾雅說鼠有十三種中有此鼠形所未詳也音狗吠之吠白耳白喙名曰狙如音即蛆見則其國有大兵

又東三十里曰鯢山音倪鯢水出于其上潛于其下其中多美堊其上多金其下多青雘

又東三十里曰雅山澧水出焉音禮今澧水出南陽東流注于視水其中多大魚其上多美桑其下多苴多赤金

又東五十里曰宣山淪水出焉東南流注于視水其中多蛟其上有桑焉大五十尺圍五丈也其枝四衢言枝交互

四出

其葉大尺餘赤理黃華青柎名曰帝女之桑（婦女主蚕故以名桑）

又東四十五里曰衡山（今衡山在衡陽湘南縣南嶽也俗謂之岣嶁山）其上多青雘多桑其鳥多鸜鵒

又東四十里曰豐山其上多封石其木多桑多羊桃狀如桃而方莖（一名鬼桃）可以爲皮張（治皮腫起）

又東七十里曰嫗山其上多美玉其下多金其草多鷄穀

又東三十里曰鮮山其木多楢杻苴其草多蘴冬其

陽多金其陰多鐵有獸焉其狀如膜大赤喙赤目白尾見則其邑有火名曰移即音移

又東三十里曰章山或作童山其陽多金其陰多美石皐水出焉東流注于澧水其中多脃石未聞魚脃反

又東二十五里曰大支之山其陽多金其木多穀柞無草木

又東五十里曰區吳之山其木多苴

又東五十里曰聲匈之山其木多穀多玉上多封石

又東五十里曰大騩之山上已有此山疑同名其陽多赤金其

陰多砥石
又東十里曰踵臼之山無草木
又東北七十里曰歷（或作磨）石之山其木多荆芑其陽
多黄金其陰多砥石有獸焉其狀如貍而白首虎爪
名曰梁渠見則其國有大兵
又東南一百里曰求山求水出于其上潜于其下中
有美赭其木多苴多䉋（篠屬）其陽多金其陰多鐵
又東二百里曰丑陽之山其上多椆椐有鳥焉其狀
如烏而赤足名曰駅餘（音如枳柑之枳）可以禦火

又東三百里曰奥山其上多栢杻橿其陽多㻬琈之玉奥水出焉東流注于視水

又東三十五里曰服山其木多苴其上多封石其下多赤錫

又東三百里曰杳山其上多嘉榮草多金玉

又東三百五十里曰几山其木多楢檀杻其草多香有獸焉其狀如彘黄身白頭白尾名曰聞𧳜（音隣）見則天下大風（𧳜一作豩音瓶）

凡荆山之首自翼望之山至于几山凡四十八山三

千七百三十二里其神狀皆彘身人首其祠毛用一雄雞祈瘞用一珪糈用五種之精禾山帝也其祠太牢之具羞瘞倒毛薦羞反倒牲埋之也用一璧牛無常堵山玉山冢也皆倒祠羞毛少牢嬰毛吉玉

中次十二經洞庭山之首曰篇遇之山或作肓無草木多黃金

又東南五十里曰雲山無草木有桂竹甚毒傷人必死今始興郡桂陽縣出筀竹大者圍二尺長四丈又交趾有篥竹實中勁強有毒鋭以刺虎中之則死亦此類也其上多黃金其下多㻬琈之玉

又東南一百三十里曰龜山其木多穀柞椆椐其上多黃金其下多青雄黃多扶竹（邛竹也高節實中中杖也名之扶老竹）

又東七十里曰丙山多筀竹多黃金銅鐵無木

又東南五十里曰風伯之山其上多金玉其下多痠石文石（未詳痠石之義）多鐵其木多柳杻檀楮其東有林焉名曰莽浮之林多美木鳥獸

又東一百五十里曰夫夫之山其上多黃金其下多青雄黃其木多桑楮其草多竹雞鼓神于兒居之其狀人身而身操兩蛇常遊于江淵出入有光

又東南一百二十里曰洞庭之山今長沙巴陵縣西又有洞庭陂潛伏通江離騷曰邅吾道兮洞庭洞庭波兮木葉下皆謂此也字或作銅宜從水其上多黃金其下多銀鐵其木多柤梨橘櫾其草多葌蘪蕪芍藥芎藭蘪蕪似蛇牀而香也帝之二女居之天帝之二女而處江為神即列仙傳江妃二女也離騷九歌所謂湘夫人稱帝子者是也而河圖玉版曰湘夫人者帝堯女也秦始皇浮江至湘山逢大風而問博士湘君何神博士曰聞之堯二女舜妃也死而葬此列女傳曰二女死於江湘之間俗謂為湘君鄭司農亦以舜妃為湘君說者皆以舜陟方而死二妃從之俱溺死於湘江遂號為湘夫人按九歌湘君湘夫人自是二神江湘之有夫人猶河洛之有虙妃也此之為靈與天地並矣安得謂之堯女且既謂之堯女安得復總云湘君哉何以考之禮記曰舜葬蒼梧二妃不從明二妃生不從征死不從葬義

可知矣即令從之二女靈達鑒通無方尚能以鳥工裳救井廪之難豈當不能自免於風波而有双淪之患乎假復如此傳曰生為上公死為貴神禮五岳比三公四瀆比諸侯今湘川不及四瀆無秩於命祀而二女帝者之后配靈神祇無緣當復下降小水而為夫人也參互其義義既混錯錯綜其理理無可據斯不然矣原其致謬之由由乎俱以帝女為名名實相亂莫矯其失習非勝是終古不悟可悲矣是常遊于江淵澧沅之風交瀟湘之淵此言二女游戲江之淵府則能鼓三江令風波之氣共相交通言其靈響之意也江湘沅水皆共會巴陵頭故號為三江之口澧又去之七八十里而入江焉淮南子曰弋釣瀟湘今所在未詳也瀟音肖是在九江之間地里志九江今在潯陽南江自潯陽而分為九皆東會于大江書曰九江孔殷是也出入必以飄風暴雨是多怪神狀如人而戴蛇左右手操蛇多怪鳥

又東南一百八十里曰暴山其木多椶枏荆芑竹箭
䉋箘䉋亦篠類中箭見禹貢其上多黃金玉其下多文石鐵其
獸多麋鹿麢就就鵰也見廣雅
又東南二百里曰即公之山其上多黃金其下多㻬
琈之玉其木多柳杻檀桑有獸焉其狀如龜而白身
赤首名曰蛫音詭是可以禦火
又東南一百五十九里曰堯山其陰多黃堊其陽多
黃金其木多荆芑柳檀其草多藷藇茉
又東南一百里曰江浮之山其上多銀砥礪無草木

其獸多豕鹿

又東二百里曰真陵之山其上多黄金其下多玉其木多穀柞柳杻其草多榮草

又東南一百二十里曰陽帝之山多美銅其木多橿杻檿楮（檿山桑也）其獸多麢麝

又南九十里曰柴桑之山（今在潯陽柴桑縣南共廬山相連也）其上多銀其下多碧多冷石赭其木多柳芑楮桑其獸多麋鹿多白蛇飛蛇（即螣蛇乘霧而飛者）

又東二百三十里曰榮余之山其上多銅其下多銀

其木多柳芑其蟲多怪蛇怪蟲

凡洞庭山之首自篇遇之山至于榮余之山凡十五山二千八百里其神狀皆鳥身而龍首其祠毛用一雄鷄一牝豚刉（刉亦刲刺之名）糈用稌凡夫夫之山即公之山堯山陽帝之山皆冢也其祠皆肆瘞（肆陳之也陳牲玉而後埋藏之）祈用酒毛用少牢嬰毛一吉玉洞庭榮余山神也其祠皆肆瘞（肆竟然後依前埋之也）祈酒太牢祠嬰用圭璧十五五彩惠之（惠猶飾也方言也）

右中經之山志大凡百九十七山二萬一千三百七

十一里大凡天下名山五千三百七十居地大凡六
萬四千五十六里
禹曰天下名山經五千三百七十山六萬四千五十
六里居地也言其五臧盖其餘小山甚衆不足記云
天地之東西二萬八千里南北二萬六千里出水之
山者八千里受水者八千里出銅之山四百六十七
出鐵之山三千六百九十此天地之所分壤樹穀也戈
矛之所發也刀鎩之所起也能者有餘拙者不足封
於太山禪於梁父七十二家得失之數皆在此內是

謂國用管子地數云封禪之王七十二家也

右五臧山經五篇大凡一萬五千五百三字

海外南經第六

郭氏傳

地之所載六合之間（四方上下為六合也）四海之內照之以日月經之以星辰紀之以四時要之以太歲神靈所生其物異形或夭或壽唯聖人能通其道（言自非窮理盡性者則不能原極其情變）

海外自西南陬至東南陬者（陬猶隅也音騶）

結匈國在其西南其為人結匈（臆前胅出如人結喉也）南山在其東南自此山來蟲為蛇蛇號為魚（以蟲為蛇以蛇為魚）一曰南山在結匈東南比翼鳥在其東其為鳥青赤（似鳧）兩鳥比翼一曰在南山東

羽民國在其東南其為人長頭身生羽（能飛不能遠卵生畫似仙人也）一曰在比翼鳥東南其為人長頰（啓筮曰羽民之狀鳥喙赤目而白首）

有神人二八連臂為帝司夜於此野（晝隱夜見）在羽民東其為人小頰赤肩（當胛上正赤也）盡十六人（疑此後人所增益語耳）

畢方鳥在其東青水西其為鳥人面一脚一曰在二八神東

讙頭國在其南其為人人面有翼鳥喙方捕魚（讙兜堯臣有罪自投南海而死帝憐之使其子居南海而祠之畫亦似仙人也）一曰在畢方東或曰讙朱國

厭火國在其國南獸身黑色生火出其口中言能吐火畫似獼猴而黑色也一曰在讙朱東

三株樹在厭火北生赤水上其爲樹如栢葉皆爲珠一曰其爲樹若彗如彗星狀

三苗國在赤水東其爲人相隨昔堯以天下讓舜三苗之君非之帝殺之有苗之民叛入南海爲三苗國一曰三毛國

䵎國在其東音秩亦音替其爲人黃能操弓射蛇大荒經云此國自然有五穀衣服一曰䵎國在三毛東

貫匈國在其東其爲人匈有竅尸子曰四夷之民有貫匈者有深目者有

長肱者黃帝之德嘗致之異物志曰穿匈之國去其衣則無自然者蓋似效此貫匈人也 一曰在𦧯國東

交脛國在其東其為人交脛 言腳脛曲戾相交所謂雕題交趾者也或作頸其為人交頸而行也 一曰在穿匈東

不死民在其東其為人黑色壽不死 有員丘山上有不死樹食之乃壽亦有赤泉飲之不老 一曰在穿匈國東

岐舌國在其東 其人舌皆岐或云支舌也 一曰在不死民東

崑崙墟在其東墟四方 墟山下基也 一曰在岐舌東為墟

四方羿與鑿齒戰於壽華之野羿射殺之在崑崙墟

東羿持弓矢鑿齒持盾（鑿齒亦人也齒如鑿長五六尺因以名云）一曰戈（未詳）

三首國在其東其為人一身三首一曰在鑿齒東

周饒國在其東其為人短小冠帶（其人長三尺穴居能為機巧有五穀也）一曰焦僥國在三首東（外傳云焦僥民長三尺短之至也詩含神霧曰從中州以東西四十萬里得焦僥國人長尺五寸也）

長臂國在其東捕魚水中兩手各操一魚（舊說云其人手下垂至地魏黄初中玄菟太守王頎討高句麗王宮窮追之過沃沮國其東界臨大海近日之所出問其耆老海東復有人否云嘗在海中得一布褶身如中人衣兩袖長三尺即此長臂人衣也）一曰在焦僥東捕魚海中

狄山帝堯葬于陽（呂氏春秋曰堯葬穀林今陽城縣西）

狄山帝堯葬于陽（吕氏春秋曰堯葬穀林今陽城縣西東阿縣城次鄉中赭陽縣湘亭南皆有堯冢）帝嚳葬于陰（嚳堯父號高辛今冢在頓丘縣城南臺陰野中也音酷）爰有熊羆文虎（彫虎也尸子曰中黃伯余左執太行之優而右搏雕虎也）蜼豹（蜼獼猴類）離朱（木名也見莊子今圖作赤鳥）視肉（聚肉形如牛肝有兩目也食之無盡尋復更生如故）吁咽（所未詳也）文王皆葬其所（今文王墓在長安鄗聚社中案帝王冢墓皆有定處而山海經往往復見之者盖以聖人久於其位仁化廣及恩洽鳥獸至於殂亡四海若喪考妣無思不哀故絕域殊俗之人聞天子崩各自立坐而祭醊哭泣起土為冢是以所在有焉亦猶漢氏諸遠郡國皆有天子廟此其遺象也）

一曰湯山一曰爰有熊羆文虎蜼豹離朱鴟久（鵂久鴟鶹）

之屬視肉虖交（所未詳也）其范林方三百里（言林木氾濫布衍也）

南方祝融獸身人面乘兩龍（火神也）

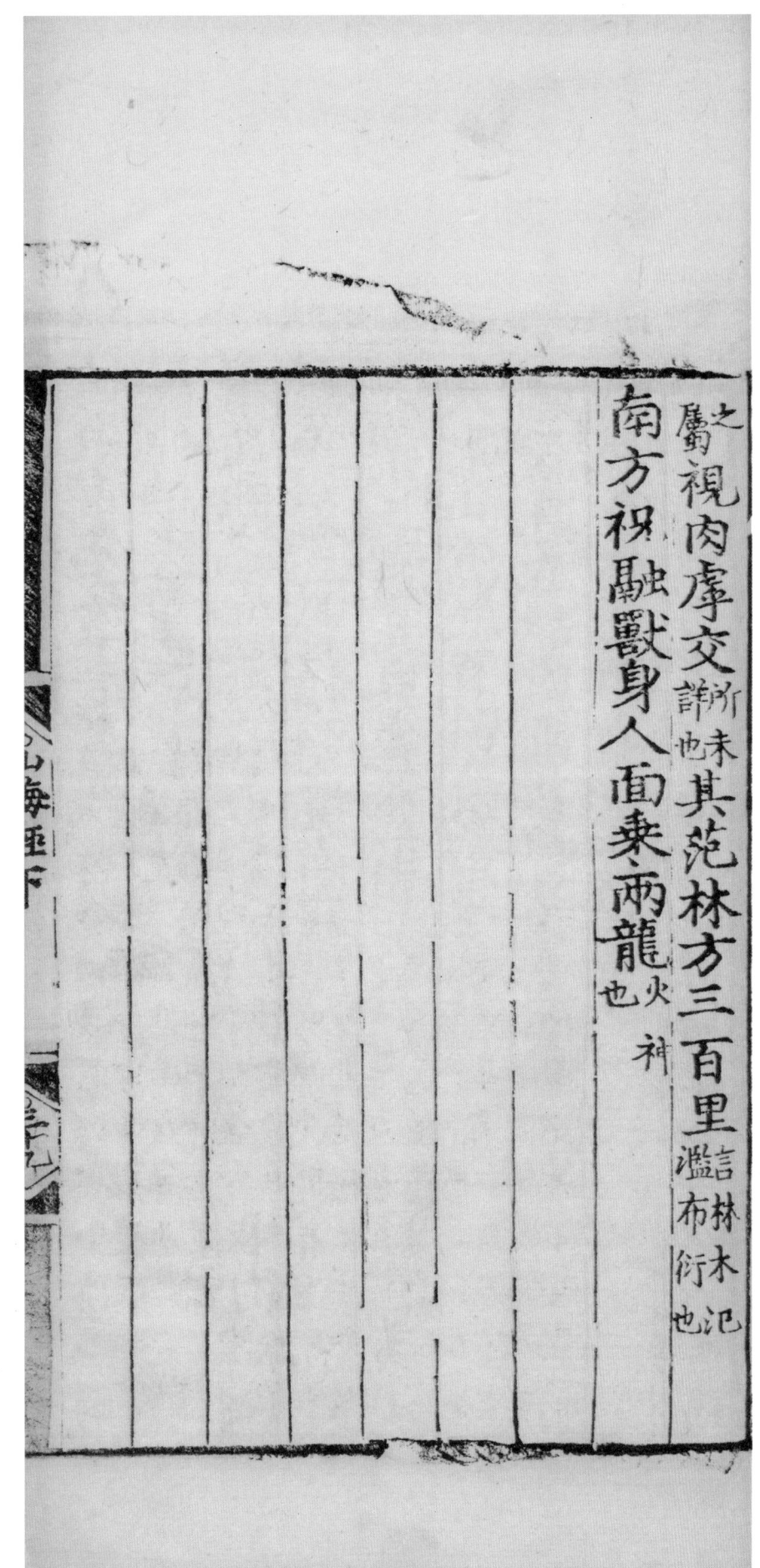

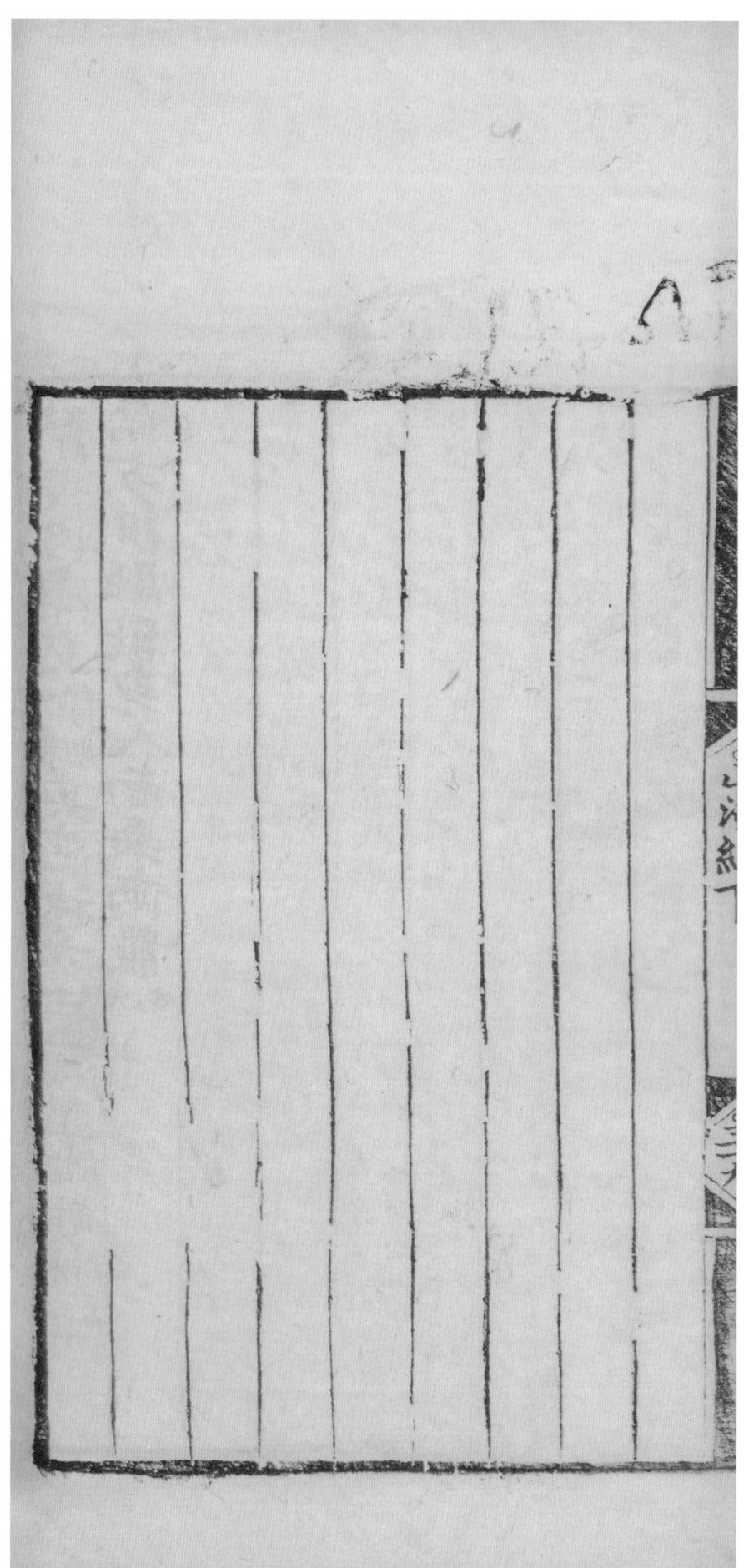

海外西經第七　　郭氏傳

海外自西南陬至西北陬者

滅蒙鳥在結匈國北爲鳥青赤尾

大運山高三百仞在滅蒙鳥北

大樂之野夏后啓於此儛九代（九代馬名儛謂盤作之令儛也）乘兩龍雲蓋三層（層猶重也）左手操翳（羽葆幢也）右手操環（玉空邊等爲環）佩玉璜（半璧曰璜）在大運山北（歸藏鄭母經曰夏后啓筮御飛龍登于天吉明啓亦仙也）一曰大遺之野（大荒經云大穆之野）

三身國在夏后啓北一首而三身

一臂國在其北一臂一目一鼻孔有黃馬虎文一目而一手

奇肱之國或作弘奇音羈在其北其人一臂三目有陰有陽乘文馬陰在上陽在下文馬即吉良也有鳥焉兩頭赤黃色在其旁其人善為機巧以取百禽能作飛車從風遠行湯時得之於豫州界中即壞之不以示人後十年西風至復作遣之

形天與帝至此爭神帝斷其首葬之常羊之山乃以乳為目以臍為口操干戚以舞干盾戚斧也是為無首之民

女祭女戚在其北居兩水間戚操魚䱇䱇鱓魚屬祭操俎俎肉几

𪀦鳥鶬鳥次鵯作兩音其色青黃所經國亡此應禍之鳥即今梟鵂鶹

之類在女祭北鶬鳥人面居山上一曰維鳥青鳥黃鳥所集

丈夫國在維鳥北其為人衣冠帶劍殷帝太戊使王孟採藥從西王母至此絕糧不能進食木實衣木皮終身無妻而生二子從形中出其父即死是為丈夫民

女丑之尸生而十日炙殺之在丈夫北以右手鄣其面蔽面十日居上女丑居山之上

巫咸國在女丑北右手操青蛇左手操赤蛇在登葆山群巫所從上下也採藥往來

并封在巫咸東其狀如彘前後皆有首黑今弩弦蛇亦此類也

女子國在巫咸北兩女子居水周之有黃池婦人入浴出即懷姙矣若生男子三歲輒死周猶繞也離騷曰水周於堂下也一曰居一門中

軒轅之國在此窮山之際其不壽者八百歲其國在山南邊也大荒經曰岷山之南在女子國北人面蛇身尾交首上窮山在其北不敢西射畏軒轅之丘言敬畏黃帝威靈故不敢向西而射也在軒轅國北其丘方四蛇相繞繚繞樛纏此諸夭之野夭音妖鸞鳥自歌鳳鳥自舞鳳皇卵民食之甘露民飲之所欲自從也言滋味無所不有所願得自在此謂天野也百獸相與群居在四蛇北其人兩手操卵食之兩鳥居前導之

龍魚陵居在其北狀如貍或曰龍魚似貍一角一曰鰕音遐即有

神聖乘此以行九野九域之野一曰鼈魚在夭野北其爲

魚也如鯉鼈音惡横也

白民之國在龍魚北白身被髮言其人體洞白有乘黄其狀

如狐其背上有角乘之壽二千歲周書曰白民乘黄似狐背上有兩角

即飛黄也淮南子曰天下有道飛黄伏皂

肅慎之國在白民北有樹名曰雄或作雒常先入代帝

於此取之其俗無衣服中國有聖帝代立者則此木生皮可衣也

長股之國在雄常北被髮國在赤水東也長臂人身如中人而臂長二丈以類

推之則此人脚過三丈矣黃帝時至或曰長脚人常負長臂人入海中捕魚也一曰長脚或曰有喬國今伎家喬人蓋象此身

西方蓐收左耳有蛇乘兩龍金神也人面虎爪白毛執鉞見外傳

海外北經第八　　郭氏傳

海外自東北陬至西北陬者

無䏿之國音啓或作綮在長股東為人無䏿䏿肥腸也其人穴居食土無男女死即埋之其心不朽死百廿歲乃復更生

鍾山之神名曰燭陰燭龍也是燭九陰因名云視為晝瞑為夜吹為冬呼為夏不飲不食不息息為風息氣息也身長千里在無䏿之東其為物人面蛇身赤色居鍾山下淮南子曰龍身一足

一目國在其東一目中其面而居一曰有手足

柔利國在一目東為人一手一足反膝曲足居上（一腳一手反卷曲也）一云留利之國人足反折

共工之臣曰相柳氏（共工霸九州者）九首以食于九山（頭各自食一山之物言貪暴難饜）相柳之所抵厥為澤谿（抵觸厥掘也音撅）禹殺相柳其血腥不可以樹五穀種禹厥之三仞三沮（掘塞之而上三沮滔言其血膏浸潤壞地）乃以為眾帝之臺（言地潤溼唯可積土以為臺觀）在崑崙之北（此崑崙山在海外者）柔利之東相柳者九首人面蛇身而青不敢北射畏共工之臺臺在其東臺四方隅有一蛇虎色首衝南方（衝猶向也）

深目國在其東為人舉一手一目一作曰在共工臺東

無腸之國在深目東一作南其為人長而無腸為人長大腹內無腸所食之物直通過

聶耳之國在無腸國東使兩文虎為人兩手聶其耳言耳長行則以手攝持之也音諾頰反縣居海水中縣猶邑也及水所出入奇物言盡規有之兩虎在其東

夸父與日逐走入日言及日於將入也逐音冑渴欲得飲飲於河渭河渭不足北飲大澤未至道渴而死棄其杖化為鄧林夸父者蓋神人之名也其能及日景而傾河渭豈以走飲哉寄用於走飲耳幾乎不疾而速不

行而至者矣此以一體為萬殊存亡代謝寄鄧林而遯形惡得尋其靈化哉

博父國在聶耳東其為人大右手操青蛇左手操黃蛇鄧林在其東二樹木一曰博父禹所積石之山在其東河水所入河出崑崙而潛行地下至葱嶺復出注鹽澤從鹽澤復行南出於此山而為中國河遂注海也書曰導河積石言時有壅塞故導利以通之

拘纓之國在其東一手把纓言其人常以一手持冠纓也或曰纓宜作癭一曰利纓之國尋木長千里在拘纓南生河上西北

跂踵國在拘纓東音企其為人大兩足亦大其人行脚跟不着地也孝經鉤命訣曰焦僥跂踵重譯款塞也一曰大踵

歐絲之野在大踵東一女子跪據樹歐絲言噉桑而吐絲蓋蠶類也三桑無枝在歐絲東其木長百仞無枝言皆長百仞也

范林方三百里在三桑東洲環其下洲水中可居者環繞也

務隅之山帝顓頊葬于陽顓頊號為高陽冢今在濮陽故帝丘也一曰項丘縣城門外廣陽里中九嬪葬于陰嬪婦一曰爰有熊羆文虎離朱鴟久視肉

平丘在三桑東爰有遺玉遺玉玉石青鳥視肉楊柳甘柤其樹枝幹皆赤黃華白葉黑實呂氏春秋曰其山之東有甘柤焉音如柤棃之柤甘華亦赤枝幹

黄華百果所生在兩山夾上谷二大丘居中名曰平丘
北海內有獸其狀如馬名曰騊駼陶塗兩音見爾雅有獸焉
其名曰駮狀如白馬鋸牙食虎豹周書曰義渠茲白茲白若白馬鋸牙
食虎豹案此二說與爾雅同有素獸焉狀如馬名曰蛩蛩即蛩蛩鉅虛也
一走百里見穆天子傳音卬有青獸焉狀如虎名曰羅羅
北方禺彊人面鳥身珥兩青蛇踐兩青蛇字玄冥水神也莊周
曰禺彊立於北極一曰禺京一本云北方禺彊黑身手足乘兩龍

海外東經第九　郭氏傳

海外自東南陬至東北陬者

䑏丘（音嗟或作髮）爰有遺玉青馬視肉楊柳甘柤甘華甘果所生在東海兩山夾丘上有樹木一曰嗟丘一曰百果所在在堯葬東

大人國在其北為人大坐而削船一曰在䑏丘北

奢比之尸在其北（亦神名也）獸身人面大耳珥兩青蛇（以珥蛇貫耳也音釣餌之餌）一曰肝榆之尸在大人北

君子國在其北衣冠帶劍食獸使二大虎在旁其人

好讓不爭有薰或作堇華草朝生夕死一曰在肝榆之
尸北
虹虹在其北音虹各有兩首虹螮蝀也一曰在君子國北
朝陽之谷神曰天吳是為水伯在虹虹北兩水間其
為獸也八首人面八足八尾皆青黃大荒東經東十尾
青丘國在其北其人食五穀衣絲帛其狐四足九尾一曰在朝
陽北汲郡竹書曰栢杼子征于東海及三壽得一狐九尾即此類也
帝命豎亥步自東極至于西極五億十選豎亥健行人選萬也
九千八百步豎亥右手把筭左手指青丘北一曰禹令

豎亥一曰五億十萬九千八百步詩含神霧曰天地東西二億三萬三千里南北二億一千五百里天地相去一億五萬里

黑齒國在其北東夷傳曰倭國東四千餘里有裸國裸國東南有黑齒國船行一年可至也異物志云西屠染齒亦以放此人為人黑食稻啖蛇一赤一青一作青蛇在其旁一曰在豎亥北為人黑手食稻使蛇其一蛇赤下有湯谷谷中水熱也湯谷上有扶桑扶桑木也十日所浴在黑齒北居水中有大木九日居下枝一日居上枝莊周云昔者十日並出草木焦枯淮南子亦云堯乃令羿射十日中其九日日中烏盡死離騷所謂羿焉畢日烏焉落羽者也歸藏鄭母經云昔者羿善射畢十日果畢之汲郡竹書曰胤甲即位居西河有

妖孽十日並出明此自然之異有自來矣傳曰天有十日日之數十此云九日居下枝一日居上枝大荒經人日一日方至一日方出明天地雖有十日自使以次第迭出運照而今俱見為天下妖災故羿稟堯之命洞其靈誠仰天控弦而九日潛退也假令器用可以激水烈火精感可以降霜回景然則羿之鑠明離而斃陽烏未足為難也若搜之常情則無理以然推之以數則無往不通達觀之客宜領其玄致歸之冥會則逸義無滯言奇不廢矣

雨師妾在其北雨師謂屏翳也其為人黑兩手各操一蛇左耳有青蛇右耳有赤蛇一曰在十日北為人黑身人面各操一龜

玄股之國在其北髀以下盡黑故云其為人衣魚以魚皮為衣也食鷗鷗水鳥也音憂使兩鳥夾之一曰在雨師妾北

毛民之國在其北為人身生毛今去臨海郡東南二千里有毛人在大海州島上為人短小面體盡有毛如猪能穴居無衣服晉永嘉四年吳郡司鹽都尉戴逢在海邊得一船上有男女四人狀皆如此言語不通送詣丞相府未至道死唯有一人在上賜之婦生子出入市井漸曉人語自說其所在是毛民也大荒經云毛民食黍者是矣一曰在玄股北

勞民國在其北其為人黑食果草實也有一鳥兩頭或曰教民一曰在毛民北為人面目手足盡黑

東方句芒鳥身人面乘兩龍木神也方面素服墨子曰昔秦穆公有明德上帝使句芒賜之壽十九年

建平元年四月丙戌待詔太常屬臣望校治侍

中光禄勳臣龔侍中奉車都尉光禄大夫臣秀

領主省

海内南經第十　郭氏傳

海内東南陬以西者從南頭起之也
甌居海中今臨海永寧縣即東甌在岐海中也音嘔閩在海中音旻其西北
山閩越即西甌今建安郡是也亦在岐海中一曰閩中山在海中
三天子鄣山音章在閩西海北今在新安歙縣東今謂之三王山浙江出其邊也張氏土
地記曰東陽永康縣南四里有石城山上有小石城云黃帝曾遊此即三天子都也一曰在海中
桂林八樹在番隅東八樹而成林言其大也番隅今番隅縣
伯慮國未詳離耳國鎪離其耳分令下垂以為飾即儋耳也在朱崖海渚中不食五穀但
噉蚌及藷藇也彫題國點涅其面畫體為鱗采即鮫人也北朐國未詳音劬皆在

鬱水南鬱水出湘陵南山一曰相慮梟陽國在北朐之西其爲人人面長脣黑身有毛反踵見人笑亦笑左手操管（周書曰州靡髴髴者人身反踵自笑笑則上脣掩其面爾雅云髴髴大傳曰周書成王時州靡國獻之海內經謂之贛巨人今交州南康郡深山中皆有此物也長丈許脚跟反向健走被髮好笑雌者能作汁灑中人即病土俗呼爲山都南康今有贛水以有此人因以名水猶大荒說地有域人人因號其山爲域山亦此類也）

兕在舜葬東湘水南其狀如牛蒼黑一角

蒼梧之山帝舜葬于陽（即九疑山也禮記亦曰舜葬蒼梧之野也）帝丹朱葬于陰（今丹陽復有丹朱冢也竹書亦曰后稷放帝朱于丹水與此義符丹朱稱帝者猶漢山陽

公死加獻帝之謚也氾林方三百里在狌狌東或作猩猩字同耳狌狌知人名其為獸如豕而人面周書曰鄭郭狌狌者狀如黃狗而人面頭如雄雞食之不眯今交州封溪出狌狌土俗人說云狀如豚而後似狗聲如小兒啼也在舜葬西狌狌西北有犀牛其狀如牛而黑犀牛似水牛猪頭在狌狌知人名之西北庳脚三角

夏后啓之臣曰孟涂是司神于巴人聽其獄訟為之神主請訟于孟涂之所令斷之也其衣有血者乃執之不直者則血見于衣是請生言好生也居山上在丹山西丹山在丹陽南丹陽居屬也今建平郡丹陽城秭歸縣東七里即孟涂所居也

窫窳龍首居弱水中在狌狌知人名之西其狀如龍

首食人窫窳本蛇身人面為貳負臣所殺復化而成此物也有木其狀如牛河圖玉版說芝草樹生或如車馬或如龍蛇之狀亦此類也引之有皮若纓黃蛇言牽之皮剝如人冠纓及黃蛇狀也其葉如羅如綾羅也其實如欒欒木名黃本赤枝青葉生雲雨山或作卵或作麻音欒其木若蓲蓲亦木名未詳其名曰建木在窫窳西弱水上建木青葉紫莖黑花黃實其下聲無響立無影也氐人國氐音觸抵之抵在建木西其為人人面而魚身無足盡胷以上人胷以下魚也巴蛇食象三歲而出其骨君子服之無心腹之疾今南方蚺蛇吞鹿鹿已爛自絞於樹腹中骨皆穿鱗甲間出此其類也楚詞曰有蛇吞象厥大何如說者云長

千尋其為蛇青黃赤黑一曰黑蛇青首在犀牛西

旄馬其狀如馬四節有毛穆天子傳所謂毫馬者亦有旄牛在巴蛇

西北高山南

匈奴一曰獫狁開題之國音提列人之國並在西北三國並在旄馬西北

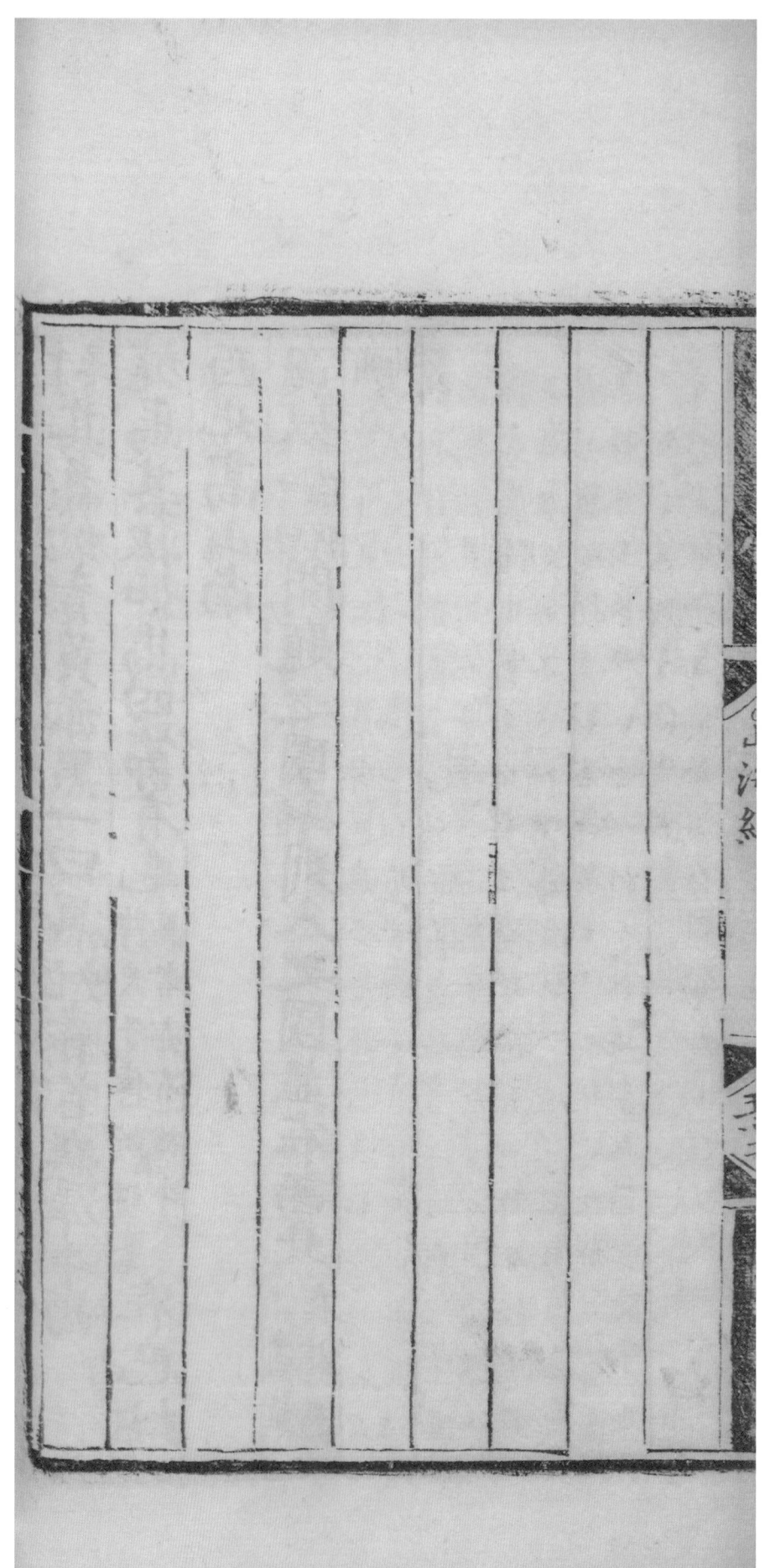

海內西經第十一

郭氏傳

海內西南陬以北者

貳負之臣曰危危與貳負殺窫窳帝乃梏之疏屬之山（梏猶繫縛也音谷）桎其右足（桎械）反縛兩手與髮（并髮合縛之也）繫之山上木在開題西北（漢宣帝使人上郡發盤石石室中得一人徒裸被髮反縛械一足以問群臣莫能知劉子政案此言對之宣帝大驚於是時人爭學山海經矣論者多以為是其尸象非真體也意者以靈怪變化論難以理測物禀異氣出於不然不可以常運推不可以近數揆矣魏時有人發故周王家者得殉女子不死不生數日時有氣數月而能語狀如廿許人送詣京師郭太后愛養之恒在左右十餘年太后崩此女哀思哭泣一年餘而死即此類也）

大澤方百里群鳥所生及所解百鳥於此生乳解之毛羽在鴈門北

鴈門山鴈出其間在高柳北

高柳在代北

后稷之葬山水環之在廣都之野在氐國西

流黃酆氏之國中方三百里言國城內有塗四方中有山塗道在后稷葬西

流沙出鐘山西行又南行崑崙之墟西南入海黑水之山今西海居延澤尚書所謂流沙者形如月生五日也

東胡在大澤東

夷人在東胡東

貊國在漢水東北今扶餘國即濊貊故地在長城北去玄菟千里出名馬赤玉貂皮大珠如酸棗也地近于燕滅之

孟鳥亦鳥名也在貊國東北其鳥文赤黃青東鄉

海內昆侖之墟在西北言海內者明海外復有崑崙山帝之下都昆侖之墟方八百里高萬仞皆謂其虛基廣輪之高庳耳自此以上二千五百餘里上有醴泉華池去嵩高五萬里蓋天地之中也見禹本紀上有木禾長五尋大五圍木禾穀類也生黑水之阿可食見穆天子傳面有九井以玉為檻檻欄面有九門門有開明獸守之百神之所在在八隅之巖

在岩間也赤水之際非仁羿莫能上岡之巖言非仁人及有才藝如羿者不能得登此山之岡嶺巉岩也羿嘗請藥西王母亦言其得道也羿或作聖

赤水出東南隅以行其東北西南流注南海厭火東

河水出東北隅以行其北西南又入渤海又出海外即西而北入禹所導積石山禹治水復決疏出之故云導河積石

洋水音翔黑水出西北隅以東東行又東北南入海羽民南

弱水青水出西南隅以東又北又西南過畢方鳥東西域傳烏弋國去長安萬五千餘里西行可百餘日至條枝國臨西海長老傳聞有弱水西王母云東夷

傳亦曰長城外數千里亦有弱水皆所未見也淮南子云弱水出窮石窮石今之西郡刪丹盖其派别之源耳

崑崙南淵深三百仞靈淵開明獸身大類虎身或作直而九首皆人面東嚮立崑崙上天獸也銘曰開明為獸稟資乾精瞪視崑崙威振百靈

開明西有鳳皇鸞鳥皆戴蛇踐蛇膺有赤蛇

開明北有視肉珠樹文玉樹五彩玉樹玗琪樹玗琪赤玉屬也吳天璽元年臨海郡吏伍曜在海水際得石樹高二尺餘莖葉紫色詰曲傾靡有光彩即玉樹之類也于其兩音不死樹言長生也鳳皇鸞鳥皆戴瞂盾也音戈又有離朱木

禾柏樹甘水即醴泉也聖木食之令人智聖也曼兑未詳一曰挺木

牙交璇淮南作璇樹玉類也

開明東有巫彭巫抵巫陽巫履巫凡巫相皆神醫也世本曰巫彭作醫楚詞曰帝告巫陽夾窫窳之尸皆操不死之藥以距之為距却死氣求更生窫窳者蛇身人面貳負臣所殺也

服常樹其上有三頭人伺琅玕樹服常木未詳琅玕子似珠爾雅曰西北之美者有崑崙之琅玕焉莊周曰有人三頭遞卧遞起以伺琅玕與玗琪子謂此人也

開明南有樹鳥六首蛟蛟似蛇四脚龍類也蝮蛇蜼豹鳥秩樹木名未詳於表池樹木言列樹以表池即華池也誦鳥鳥名形未詳也鶽雕也穆天子傳曰爰有白鶽青雕音竹筍之筍視肉

海內北經第十二　　郭氏傳

海內西北陬以東者

蛇巫之山上有人操杯而東向立一曰龜山（杯或作棓字同）西王母梯几而戴勝杖（梯謂憑也）其南有三青鳥爲西王母取食（又有三足烏主給使）在崑崙虛北有人曰大行伯把戈其東有犬封國（昔盤瓠殺戎王高辛以美女妻之不可以訓乃浮之會稽東南海中得三百里地封之生男爲狗女爲美人是爲狗封之民也）貳負之尸在大行伯東犬封國曰犬戎國（黃帝之後卞明生白犬二頭自相牝牡遂爲此國言狗國也）狀如犬有一女子方跪進柸食（與酒食也）有文馬縞身朱鬣

色白如縞目若黃金名曰吉量良一作乘之壽千歲周書曰犬戎文馬赤鬣白身目若黃金名曰吉黃之乘成王時獻之六韜曰文身朱鬣眼若黃金項若鷄尾名曰雞斯之乘大傳曰駮身朱鬣雞目山海經亦有吉黃之乘壽千歲者惟名有不同說有小錯其實一物耳今博舉之以廣異聞也

鬼國在貳負之尸北為物人面而一目一曰貳負神在其東為物人面蛇身

蜪犬如犬青音陶食人從首始或作蚼蚼音鉤

窮奇狀如虎有翼蝟毛食人從首始所食被髮在蜪犬北一曰從足

帝堯臺帝嚳臺帝丹朱臺帝舜臺各二臺臺四方在崑崙東北（此蓋天子巡狩所經過夷狄慕聖人恩德輒共為築立臺觀以標顯其遺跡也一本云所殺相柳地腥臊不可種五谷以為衆帝之臺）

大蠭其狀如螽朱蛾其狀如蛾（蛾蚍蜉也楚詞曰玄蜂如壺赤蛾如象謂此也）

蟜其為人虎文脛有𦟸（言脚有膞腸也音橋）在窮奇東一曰狀如人崑崙虛北所有（此目上物事也）

闒非人面而獸身青色（音榻）

據比（一云掾比）之尸其為人折頸被髮無一手

環狗其為人獸首人身一曰蝟狀如狗黃色

袜其為物人身黑首從目袜即魅也

戎其為人人首三角

林氏國有珍獸大若虎五彩畢具尾長於身名曰騶吾乘之日行千里六韜云紂囚文王閎夭之徒詣林氏國求得此獸獻之紂大說乃釋之周書曰夾林酋耳酋耳若虎尾參於身食虎豹大傳謂之侄獸吾宜作虞也

崑崙虛南所有氾林方三百里

從極之淵深三百仞維冰夷恒都焉冰夷馮夷也淮南云馮夷得道以潛大川即河伯也穆天子傳所謂河伯无夷者竹書作馮夷字或作冰也冰夷人面乘兩龍畫四面各乘靈車駕二龍一曰忠極之淵陽汙之山河出其

中凌門之山河出其中皆河之枝源所出之處也
王子夜之尸兩手兩股胷首齒皆斷異處此蓋形解而神連貌乖而氣合合不為密離不為疏
舜妻登比氏生宵明燭光即二女字也以能光照因名云處河大澤澤河邊溢漫處二女之靈能照此所方百里言二女神光所燭及者方百里
一曰登北氏
蓋國在鉅燕南倭北倭屬燕倭國在帶方東大海內以文為主其俗露紒衣服無針功以丹朱塗身不妒忌一男子數十婦也
朝鮮在列陽東海北山南列陽屬燕朝鮮今樂浪縣箕子所封也列

赤水名也今在帶方帶方有列口縣

列姑射在海河洲中山名也山有神人河洲在海中河水所經也莊子所謂藐姑射之山也

姑射國在海中屬列姑射西南山環之

大蟹在海中蓋千里之蟹也

陵魚人面手足魚身在海中

大鯾居海中鯾即魴魚也音鞭

明組邑居海中音祖

蓬萊山在海中上有仙人宮室皆以金玉為鳥獸盡白望之如雲在渤海中也

大人之市在海中

海内東經第十三　郭氏傳

海内東北陬以南者

鉅燕在東北陬

國在流沙中者埻端（音敦）璽暎（音喚或作繭暎）在崑崙虛東南

一曰海内之郡不為郡縣在流沙中

國在流沙外者大夏（大夏國城方二三百里分為數十國地和溫宜五穀）豎沙

居繇（音遙）月支之國（月支國多好馬美果有大尾羊如驢尾即羬羊也小月支天竺國皆附庸云）

西胡白玉山在大夏東蒼梧在白玉山西南皆在流

沙西崑崙墟東南崑崙山在西胡西皆在西北地理志崑崙山在臨羌西又有西王母祠也

雷澤中有雷神龍身而人頭鼓其腹在吳西今城陽有堯冢靈臺雷澤在此也河圖曰大迹在雷澤華胥履之而生伏羲

都州在海中一曰郁州今在東海朐縣界世傳此山自蒼梧從南徙來上皆有南方物也郁音鬱

琅邪臺在渤海間琅邪之東今琅邪在海邊有山嶕嶢特起狀如高臺此即琅邪臺也琅邪者越王句踐入霸中國之所都其北有山一曰在海間

韓鴈在海中都州南

始鳩在海中轅厲南國名或曰鳥名也

會稽山在大楚南岷二江首

大江出汶山今江出汶山郡升遷縣岷山東南經蜀郡犍為至江陽東北經巴東建平宜都南郡江夏弋陽安豐至廬江南界東北經淮南下邳至廣陵郡入海北江出曼山南江出高山高山在城都西入海在長州南

浙江出三天子都在其東按地理志浙江出新安黟縣南蠻中東入海今錢唐浙江是也黟即歙也浙音折在閩西北入海餘暨南餘暨縣屬會稽今為永興縣

廬江出三天子都入江彭澤西彭澤今彭蠡也在尋陽彭澤縣一曰天子鄣

淮水出餘山餘山在朝陽東義鄉西入海淮浦北今淮水出義陽平氏縣桐柏山東北經汝南汝陰淮南譙國下邳至廣陵縣入海朝陽縣今屬新野

湘水出舜葬東南陬西環之環繞也今湘水出零陵營道縣陽湖山入江

入洞庭下洞庭地穴也在長沙巴陵今吳縣南大湖中有包山下有洞庭穴道潛行水底云無所不通號為地脈一曰東南西澤

漢水出鮒魚之山書曰嶓冢導漾東流為漢案水經漢水出武都沮縣東狼谷經漢中魏興至南鄉東經襄陽至江夏安陸縣入江別為沔水又為滄浪之水帝顓頊葬于陽

九嬪葬于陰四蛇衛之言有四蛇衛守山下

濛水出漢陽西入江聶陽西漢陽縣屬朱提

温水出崆峒崆峒山在臨汾南入河華陽北（今温水在京兆陰盤縣水常温也臨汾縣屬平陽）

潁水出少室少室山在雍氏南入淮西鄢北（今潁水出河南陽城縣乾山東南經潁川汝陰至淮南下蔡入淮鄢今鄢陵縣屬潁川）一曰緱氏（縣屬河南音鉤）

汝水出天息山在梁勉鄉西南入淮極西北（今汝水出南陽魯陽縣大盂山東北至河南梁縣東南經襄城潁川汝南至汝陰褒信縣入淮淮極地名）一曰淮在期思北（期思縣屬弋陽）

涇水出長城北山山在郁郅長垣北（皆縣名也郅音桎）北入渭戲北（今涇水出安定朝那縣西笄頭山東南經新平扶風至京兆高陵縣入渭戲地名今新豐）

縣也

渭水出鳥鼠同穴山東注河入華陰北（鳥鼠同穴山今在隴西首陽縣渭水出其東經南安天水略陽扶風始平京兆弘農華陰縣入河）

白水出蜀而東南注江（色微白濁今在梓潼白水縣緣從臨洮之西西傾山來經沓中東流通陰平至漢壽縣入潛）入江州城下（江州縣屬巴郡）

沅水山出象郡鐔城西（象郡今日南也鐔城縣今屬武陵音潯）入東注江入下雋西（下雋縣今屬長沙音昨兖反）合洞庭中（水經曰沅水出牂牁且蘭縣又東北至鐔城縣為沅水又東過臨沅縣南又東至長沙下雋縣）

贛水出聶都東山（今贛水出南康南野縣西北音感也）東北注江入彭

澤西泗水出吴東北而南西南過湖陵西而東南注東海入淮陰北今泗水出魯國下縣西南至高平胡陸縣東南經沛國彭城下邳至臨淮下相縣入淮

鬱水出象郡而西南注南海入須陵東南

肄水出臨晉西南音如肄習之肄而東南注海入番禺西番禺縣屬南海越之城下也

潢水出桂陽西北山音黄東南注肄水入敦浦西

洛水出洛西山東北注河入成皋之西書云道洛自熊耳案水經洛水今出上洛冢嶺山東北經弘農至河南鞏縣入河成皋縣亦屬河南也

汾水出上窾北音愈而西南注河入皮氏南今汾水出太原晉陽故汾陽縣東南經晉陽西南經西河平陽至河東汾陰入河皮氏縣屬平陽

沁水出井陘山東東南注河入懷東南懷縣屬河內河內北有井陘山

濟水出共山南東丘共與恭同絕鉅鹿澤絕猶截度也鉅鹿今在高平注渤海入齊琅槐東北今濟水自滎陽卷縣東經陳留至潛陰北東北至高平東北經濟南至樂安博昌縣入海今碣石也諸水所出又與水經違錯以為北山川或有同名而異實或同實而異名或一實而數名似是而非似非而是且歷代久遠古今變易語有楚夏名號不同未得詳也

潦水出衛皋東出塞外衛皋山玄菟高句驪縣有潦山小潦水所出西河注大潦音遼東南注渤海入潦陽潦陽縣屬潦東

虖沱水出晉陽城南而西至陽曲北而東注渤海經河閒欒城東北注渤海也晉陽陽曲縣皆屬太原入越章武北章武郡名

漳水出山陽東東注渤海入章武南新城汴陰縣亦有漳水

建平元年四月丙戌待詔太常屬臣望校治侍

中光祿勳臣龔侍中奉車都尉光祿大夫臣秀

領主省

大荒東經第十四　郭氏傳

東海之外大壑（詩含神霧曰東注無底之谷謂此壑也離騷曰降土大壑）少昊之國（少昊金天氏帝摯之號也）少昊孺帝顓頊於此（孺義未詳）棄其琴瑟（言其壑中有琴瑟也）有甘山者甘水出焉生甘淵（水積則成淵也）

大荒東南隅有山名皮母地丘

東海之外大荒之中有山名曰大言日月所出有波谷山者有大人之國（晉永嘉二年有鶖鳥集于始安縣南廿里之鶖陂中民周虎張得之木矢貫之鐵鏃其長六尺有半以箭計之其射者人身應長一丈五六尺也又平州別駕高會語云倭國人嘗行遭風吹度大海外見一國人皆長丈餘形狀似胡蓋是長翟別種箭殆將從此國來也外傳

曰焦僥人長三尺短之至也長者不過十丈數之極也秦河圖玉版曰從崑崙以北九萬里得龍伯國人長三十丈生萬八千歲而死從崑崙以東得大秦人長十丈皆衣帛從此以東十萬里得佻人國長三十丈五尺從此以東十萬里得中秦國人長一丈穀梁傳曰長翟身橫九畝下其頭眉見於軾即長一十人也秦時大人見臨洮身長五丈腳跡六尺準斯以言則此大人之長短未可得限度也

有大人之市名曰大人之堂亦山名形狀如堂室耳大人時集會其上作市肆也

有一大人踆其上張其兩耳踆或作俊皆古蹲字莊子曰踆於會稽也

有小人國名靖人詩含神霧曰東北極有人長九寸殆謂此小人也或作竫音同

神人面獸身名曰犁䰠之尸䰠音靈字

有潏山楊水出焉音如譎詐之譎

有蔿國黍食言此國中惟有黍穀也蔿音口偽反使四鳥虎豹熊羆

大荒之中有山名曰合虛日月所出有中容之國帝俊生中容俊亦舜字假借音也中容人食獸木實此國中有赤木玄木其華實葉見呂氏春秋使四鳥豹虎熊羆

有東口之山有君子之國其人衣冠帶劒亦使虎豹好謙讓也

有司幽之國帝俊生晏龍晏龍生司幽司幽生思士不妻思女不夫言其人直思感而氣通無配合而生子此莊生所謂白鵠相視眸子不運而感風化之數也食黍食獸是使四鳥有大阿之山者

大荒中有山名曰明星日月所出

有白民之國帝俊生帝鴻帝鴻生白民白民銷姓黍食使四鳥虎豹熊羆(又有乘黃獸乘之以致壽考也)有青丘之國有狐九尾(太平則出而為瑞也)有柔僕民是維嬴土之國(嬴猶沃衍也音盈)有黑齒之國(齒如漆也)帝俊生黑齒(聖人神化無方故其後世所降育多有殊類異狀之人諸言生者多謂其苗裔未必是親所產)姜姓黍食使四鳥有夏州之國有蓋余之國有神人八首人面虎身十尾名曰天吳(水伯)

大荒之中有山名曰鞠陵于天(音菊)東極離瞀(三山名也音穀)日月所出名曰折丹(神人)東方曰折(單吁之)來風曰俊

未詳來風所在也處東極以出入風言此人能節宣風氣時其出入東海之渚中渚島有神人面鳥身珥兩黃蛇以蛇貫耳踐兩黃蛇名曰禺䝞黃帝生禺䝞禺䝞生禺京即禺彊也禺京處北海禺䝞處東海是惟海神言分治一海而為神也䝞一本作號有招搖山融水出焉有國曰玄股自髀以下如漆黍食使四鳥有困民國勾姓而食有人曰王亥兩手操鳥方食其頭王亥託于有易河伯僕牛河伯僕牛皆人姓名託寄也見汲郡竹書有易殺王亥取僕牛竹書曰殷王子亥賓于有易而淫焉有易之君綿臣殺而放之是故殷王甲微假師于河伯以伐有易滅之遂殺其君綿臣也河念有易有易潛出

為國於獸方食之名曰搖民言有易本與河伯友善上甲微殷之賢王假師
以義伐罪故河伯不得不助滅之既而哀念有易使得潛化而出化為搖民國帝舜生戲戲
生搖民海內有兩人此乃有易所化作也名曰女丑即女丑之尸言其變
化無常也然則一以涉化津而遯神域者亦無往而不之觸感而寄迹矣范蠡之倫亦聞其風者也女
丑有大蟹廣千里也
大荒之中有山名曰孽搖頵羝上有扶木柱三百里
其葉如芥柱猶起高也葉似芥菜有谷曰溫源谷溫源即湯谷也湯谷
上有扶木扶桑在上一日方至一日方出言交會相代也皆載於
烏中有三足烏有神人面犬耳獸身珥兩青蛇名曰奢比

尸有五彩之鳥相鄉棄沙未聞沙義惟帝俊下友亦未聞也帝下兩壇彩鳥是司言山下有舜二壇五彩鳥主之

大荒之中有山名曰猗天蘇門日月所生有壎民之國音如諠譁之諠有綦山音忌又有搖山有甑山音如釜甑之甑又有門戶山又有盛山又有待山有五彩之鳥

東荒之中有山名曰壑明俊疾日月所出有中容之國東北海外又有三青馬三騅馬蒼白雜毛為騅甘華爰有遺玉三青鳥三騅視肉聚肉有眼甘華甘柤百穀所在言自生也

有女和月母之國有人名曰鳧音婉北方曰鳧來之風曰狻言亦有兩名也音剡是處東極隅以止日月使無相間出沒司其短長言鳧主察日月出入不令得相間錯知景之短長

大荒東北隅中有山名曰凶犁土丘應龍處南極應龍龍有翼者也殺蚩尤與夸父蚩尤作兵者不得復上應龍遂住地下故下數旱上無復作雨者故也旱而為應龍之狀乃得大雨今之土龍本此氣應自然冥感非人所能為者

東海中有流波山入海七千里其上有獸狀如牛蒼身而無角一足出入水則必風雨其光如日月其聲

如雷其名曰夔黄帝得之以其皮為鼓橛以雷獸之骨雷獸即雷神也人面龍身鼓其腹若橛猶擊也聲聞五百里以威天下

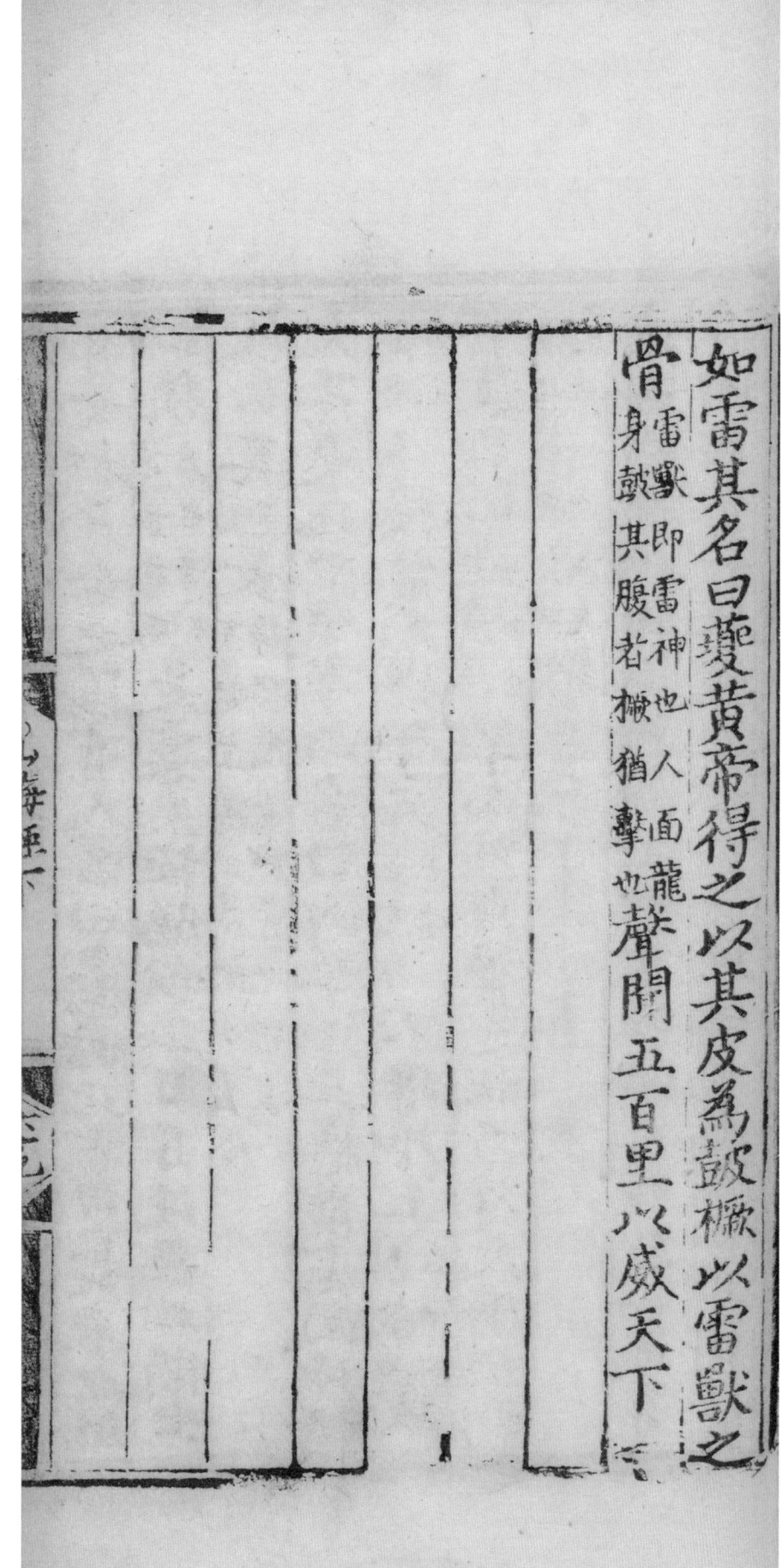

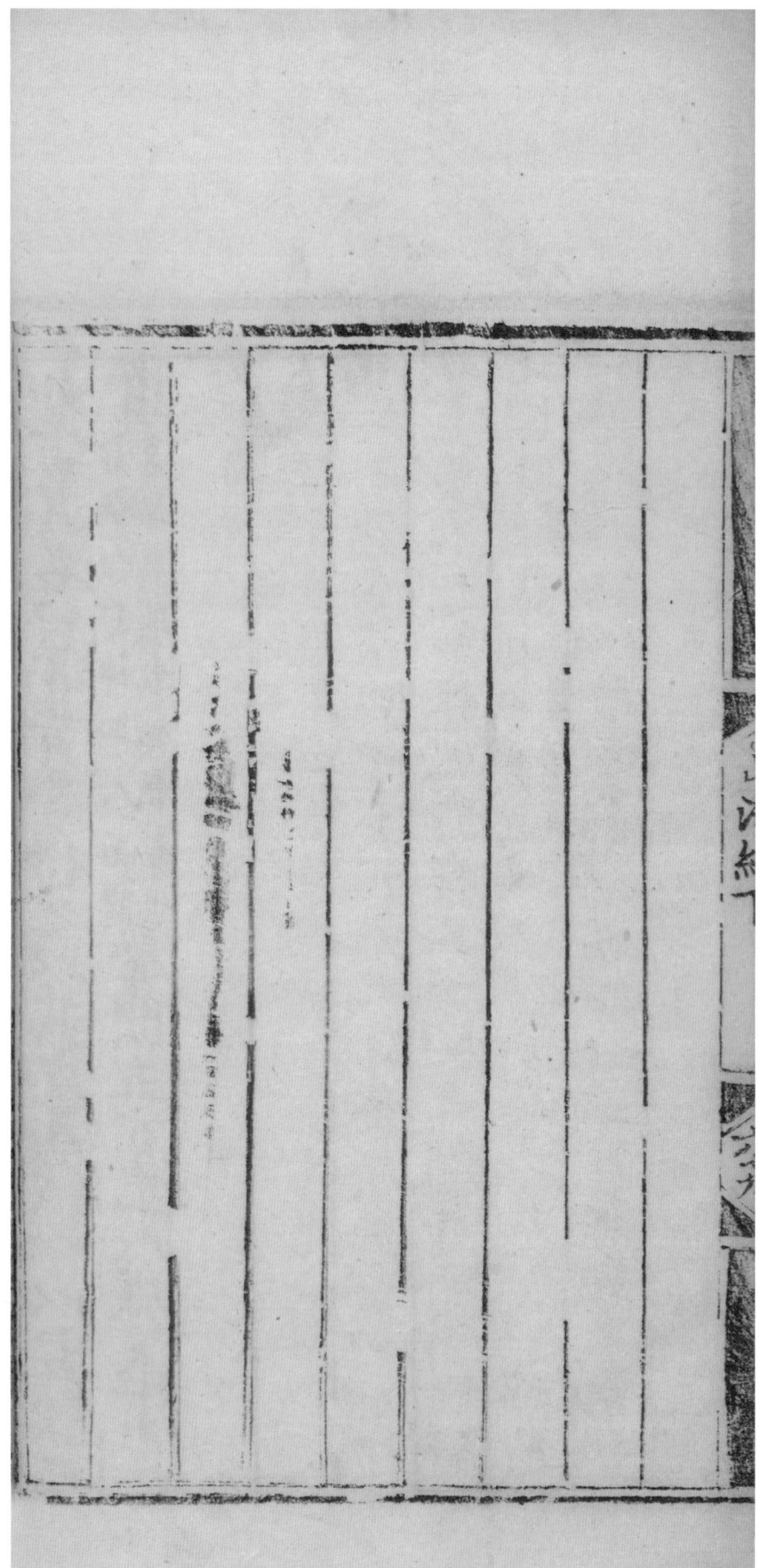

大荒南經第十五　　郭氏傳

南海之外赤水之西流沙之東（赤水出崑崙山流沙出鍾山也）有獸左右有首名曰跊踢（出發名國黜惕兩音）有三青獸相并名曰雙雙（言體合為一也公羊傳所云雙雙而俱至者蓋謂此也）

有阿山者南海之中有氾天之山赤水窮焉（流極於此山也）

赤水之東有蒼梧之野舜與叔均之所葬也（叔均商均也舜巡狩死於蒼梧而葬之商均因留死亦葬焉基今在九疑之中）爰有文貝（即紫貝也）離俞（即離朱）鴟久（即鵂鶹也）鷹賈（賈亦鷹屬）委維（即委蛇也）熊羆象虎豹狼視肉

有滎山滎水出焉黑水之南有玄蛇食麈（今南方蚦蛇吞鹿亦此類）有巫山者西有黃鳥帝藥八齋（天帝神仙藥在此也）黃鳥於巫山司此玄蛇（言主之也）

大荒之中有不庭之山滎水窮焉有人三身帝俊妻娥皇生此三身之國（盖後裔所出也）姚姓黍食使四鳥（姚舜姓也）有淵四方四隅皆達（言淵四角皆旁通也）北屬黑水南屬大荒（屬猶連也）北旁名曰少和之淵南旁名曰從淵（音驄馬之驄）舜之所浴也（言舜嘗在此中澡浴也）

又有成山甘水窮焉（甘水出甘山極此中也）有季禺之國顓頊

之子食黍（言此國人顓頊之裔子也）有羽民之國其民皆生毛羽

有卵民之國其民皆生卵（即卵生也）

大荒之中有不姜之山黑水窮焉（黑水出崑崙山）又有賈山

汔水出焉又有言山又有登備之山（即登葆山羣巫所從上下者也）

有恝恝之山（音如券契之契）又有蒲山澧（音禮）水出焉又有隗

山（音隗嚚）其西有丹其東有玉又南有山漂水出焉（音栗）有

尾山有翠山（言此山有翠鳥也）

有盈民之國於姓黍食又有人方食木葉

有不死之國阿姓甘木是食（甘木即不死樹食之不老）

大荒之中有山名曰去痓南極果北不成去痓果音如風痓之痓未詳

南海渚中有神人面珥兩青蛇踐兩赤蛇曰不廷胡余一神名耳有神名曰因因乎南方曰因乎夸風曰乎民亦有二名處南極以出入風

有襄山又有重陰之山有人食獸曰季釐帝俊生季釐故曰季釐之國有緡淵音昬少昊生倍伐倍伐降處緡淵有水四方名曰俊壇水状似土壇因名舜壇也

有臷民之國為人黃色帝舜生無淫降臷處是謂巫臷民

巫臷民朌姓食穀不績不經服也（言自然有布帛也）不稼不穡食也（言五穀自生也種之為稼收之為穡）爰有歌舞之鳥鸞鳥自歌鳳鳥自舞爰有百獸相群爰處百穀所聚

大荒之中有山名曰融天海水南入焉有人曰鑿齒羿殺之（射殺之也）

有蜮山者有蜮民之國（音惑）桑姓食黍射蜮是食（蜮短狐也似鼈含沙射人中之則病死此山出之亦以名云）有人方扜弓射黃蛇（扜挽也音紆）名曰蜮人

有宋山者有赤蛇名曰育蛇有木生山上名曰楓木

楓木。蚩尤所棄其桎梏，（蚩尤為黃帝所得，械而殺之，已摘棄其械，化而為樹也。）是謂楓木。（即今楓香樹。）有人方齒虎尾，名曰祖狀之尸。（音如祖棃之祖。）

有小人名曰焦僥之國，（皆長三尺。）幾姓，嘉穀是食。

大荒之中，有山名㱙塗之山，（音朽。）青水窮焉。（青水出昆侖。）有雲雨之山，有木名曰欒。（音欒。）禹攻雲雨，（攻謂槎伐其林木。）有赤石焉生欒，（言山有精靈，復變生此木於赤石之上。）黃本，赤枝，青葉，群帝焉取藥。（言樹花實皆為神藥。）

有國曰顓頊，生伯服，食黍。有鼬姓之國。（音如橘柚之柚。）有苕山又有宗山又有姓山又有壑山又有陳州山又有東州山又有白水山白水出焉而生白淵昆吾之師所浴也（昆吾古王者号音義曰昆吾山名溪水也出善金二文有異莫知所辨測）有人名曰張弘在海上捕魚海中有張弘之國（或曰即奇肱人疑非）食魚使四鳥有人焉鳥喙有翼方捕魚於海

大荒之中有人名曰驩頭鯀妻士敬士敬子曰炎融生驩頭驩頭人面鳥喙有翼食海中魚杖翼而行（翅不可以飛倚杖之用而已）維宜芑苣穋楊是食（管子說地所宜云其種穋紀黑黍皆禾類也苣黑黍今字作禾旁起秬虯三音）有驩頭之國

帝堯帝嚳帝舜葬於岳山（即狄山也）爰有文貝離俞鴟久鷹賈延維視肉熊羆虎豹朱木赤支青華玄實有申山者

大荒之中有山名曰天臺高山海水入焉

東南海之外甘水之間有羲和之國有女子名曰羲和方浴日於甘淵（羲和蓋天地始生主日月者也故啓筮曰空桑之蒼蒼八極之既張乃有夫羲和是主日月職出入以為晦明又曰瞻彼上天一明一晦有夫羲和之子出于湯谷故堯因此而立羲和之官以主四時其後世遂為此國作日月之象而掌之沐浴運轉之於甘水中以効其出入湯谷虞淵也所謂世不失職耳）羲和者帝俊之妻生十日（言生十子各以日名名之）

故言生十日數十也

有蓋猶之山者其上有甘柤枝幹皆赤黃葉白華黑實東又有甘華枝幹皆赤黃葉有青馬有赤馬名曰三騅有視肉有小人名曰菌人音如朝菌之菌有南類之山爰有遺玉青馬三騅視肉甘華百穀所在

大荒西經第十六　　郭氏傳

西北海之外大荒之隅有山而不合名曰不周負子（淮南子曰昔者共工與顓頊爭帝怒而觸不周之山天維絕地柱折故今此山缺壞不周匝也）有兩黃獸守之有水曰寒暑之水水西有濕山水東有幕山（音莫）有禹攻共工國山（言攻其國殺其臣相柳於此山啓筮曰共工人面蛇身朱髮也）

有國名曰淑士顓頊之子（言亦出自高陽氏也）有神十人名曰女媧之腸（或作女媧之腹）化為神處栗廣之野（女媧古神女而帝者人面蛇身一日中七十變其腹化為此神栗廣野名媧音瓜）橫道而處（言斷道也）有人名曰石夷來風曰韋（來或作本也）處西北隅以司日月之長

短言察日月晷度之節有五彩之鳥有冠名曰狂鳥爾雅云狂夢鳥即此也有大澤之長山有白民之國

西北海之外赤水之東有長脛之國腳長二丈有西周之國姬姓食穀有人方耕名曰叔均帝俊生后稷俊宜為嚳嚳弟二妃生后稷也稷降以百穀稷之弟曰台璽音胎生叔均叔均是代其父及稷播百穀始作耕有赤國妻氏有雙山

西海之外大荒之中有方山者上有青樹名曰柜格之松柜音矩日月所出入也

西北海之外赤水之西有先民之國食穀使四鳥有北狄之國黃帝之孫曰始均始均生北狄有芒山有桂山有榣山此山多桂及榣木因名云耳其上有人號曰太子長琴顓頊生老童世本云顓頊娶于滕墳氏謂之女祿產老童也老童生祝融即重黎也高辛氏人正號曰祝融也祝融生太子長琴是處榣山始作樂風創制樂風曲也有五彩鳥三名一曰皇鳥一曰鸞鳥一曰鳳鳥有蟲狀如菟胷以後者裸不見言皮色青故不見其裸露處青如猨狀狀又似猨

大荒之中有山名曰豐沮玉門日月所入有靈山巫

咸巫即巫肦巫彭巫姑巫真巫禮巫抵巫謝巫羅十巫從此升降百藥爰在（群巫上下此山采之也）西有王母之山壑山海山（皆群大靈之山）有沃之國（言其饒沃也）沃民是處沃之野鳳鳥之卵是食甘露是飲凡其所欲其味盡存（言其所願滋味此無所不備）爰有甘華甘柤白柳視肉三騅璇瑰瑤碧（璇瑰亦玉名穆天子傳曰枝斯璿瑰校回二音）白木琅玕樹（色正白今南方有文木亦黑木也）白丹青丹（又有黑丹也孝經援神契曰王者德至山陵而黑丹出然則丹者別是彩名亦猶黑白黃皆云丹也）多銀鐵鸞鳥自歌鳳鳥自舞爰有百獸相群是處是謂沃之野有三青鳥赤首

黑目一名曰大鵹一名少鵹音黎一名曰青鳥皆西王母所使
也。有軒轅之臺射者不敢西嚮射畏軒轅之臺敬難黃帝
之神
大荒之中有龍山日月所入有三澤水名曰三淖昆
吾之所食也穆天子傳曰滔水濁繇氏之所食亦此類也有人衣青以袂
蔽面袂袖名曰女丑之尸有女子之國王頎至沃沮國盡東界問其耆
老云國人常乘船捕魚遭風見吹數十日東一國在大海中純女無男即此國也
有桃山有虻山有桂山有于土。山有丈夫之國其國無婦人也
有弇州之山五彩之鳥仰天張口噓天名曰鳴鳥爰有百

樂歌儛之風爰有百種伎樂歌儛風曲有軒轅之國其人人面蛇身江山之南棲為吉即窮山之際也山居為棲吉者言無凶夭不壽者乃八百歲壽者數千歲

西海陼中有神人面鳥身珥兩青蛇踐兩赤蛇名曰弇茲

大荒之中有山名曰日月山天樞也吳姖天門日月所入有神人面無臂兩足反屬於頭上名曰噓言噓啼也顓頊生老童老童生重及黎世本云老童娶於根水氏謂之驕福產重及黎帝令重獻上天令黎卭下地古者人神雜擾無別顓頊乃命南正重司天以

屬神命火正黎司地以屬民重實上天黎實下地獻卬義未詳也下地是生噎處於西極以行日月星辰之行次主察日月星辰之度數次舍也有人反臂名曰天虞亦尸虞也有女子方浴月帝俊妻常羲生月十有二此始浴之羲與羲和浴日同有玄丹之山出黑丹也有五色之鳥人面有髮爰有青鴍音文黃鷔音敖青鳥黃鳥其所集者其國亡有池名孟翼之攻顓頊之池孟翼人姓名也

大荒之中有山名曰鏖鏊鉅鏊音如敖日月所入者有獸左右有首名曰屏蓬即并封也語有輕重耳有巫山者有

𨺗山者有金門之山有人名曰黃姖之尸有比翼之鳥有白鳥青翼黃尾玄喙（奇鳥）有赤犬名曰天犬其所下者有兵（周書云天狗所止地盡傾餘光燭天為流星長十數丈其疾如風其聲如雷其光如電吳楚七國反時吠過梁國者是也）

西海之南流沙之濱赤水之後黑水之前有大山名曰崑崙之丘有神人面虎身有文有尾皆白處之（言其尾以白爲點駮）其下有弱水之淵環之（其水不勝鴻毛）其外有炎火之山投物輒然（今去扶南東萬里有耆薄國東復五千里許有火山國其山雖霖雨火常然火中有白鼠時出山邊求食人捕得之以毛作布今之火澣布是也即此山之類）有人戴勝

虎齒有豹尾穴處名曰西王母河圖玉版亦曰西王母居崑崙之山西山經曰西王母居玉山穆天子傳曰乃紀名迹于弇山之石曰西王母之山也然則西王母雖以崑崙之宮亦自有離宮別窟遊息之處一不專住一山也故記事者各舉所見而言之此山萬物盡有

大荒之中有山名曰常陽之山日月所入

有寒荒之國有二人女祭女薎或持觶或持俎

有壽麻之國呂氏春秋曰南服壽麻北懷闟耳

南岳娶州山女名曰女虔女虔生季格季格生壽麻

壽麻正立無景疾呼無響言其稟形氣有異於人也列仙傳曰玄俗無景爰

有大暑不可以往言熱炙殺人也有人無首操戈盾立名曰

夏耕之尸亦行天尸之類故成湯伐夏桀于章山克之于章山名
斬耕厥前頭亦在前者耕既立無首走厥咎逃避罪也乃降于
巫山自竄于巫山巫山今在建平巫縣
有人名曰吳回奇左是無右臂即奇肱也吳回祝融弟亦為火正也
有蓋山之國有樹赤皮支幹青葉名曰朱木或作朱威木也
有一臂民北極下亦有一腳人見河圖玉版
大荒之中有山名曰大荒之山日月所入有人焉三
面是顓頊之子三面一臂無左臂也三面之人不死言人頭三
邊各有面也玄菟太守王頎至沃沮國問其耆老云
復有一破船隨波出在海岸邊上有一人項中復有

面與語不解了不食而死此是兩面人也吕氏春秋曰一臂三面之鄉也是謂大荒之野

西南海之外赤水之南流沙之西有人珥兩青蛇乘兩龍名曰夏后開開上三嬪于天嬪婦也言獻美人于天帝得九辯與九歌以下皆天帝樂名也開登天而竊以下用之也開筮曰昔彼九冥是與帝辯同宮之序是為九歌又曰不得切辯與九歌以國于下義具見於歸藏此天穆之野高二千仞竹書曰顓頊產伯鯀是維若陽居天穆之陽也開焉得始歌九招竹書曰夏后開舞九招也

有互人之國人面魚身炎帝之孫炎帝神農名曰靈恝音如券契之契靈恝生互人是能上下于天言能乘雲雨也有魚偏枯名曰

魚婦顓頊死即復蘇言其人能變化也風道北來天乃大水

泉言泉水得風暴溢出道尤從也韓非曰玄鶴二入道南方而來蛇乃化爲魚是謂

魚婦顓頊死即復蘇淮南子曰后稷龍在建木西其人死復蘇其半爲魚蓋謂此也

有青鳥身黃赤足六首名曰鸀鳥音觸有大巫山有金

之山西南大荒之中隅有偏句常羊之山

按夏后開即啓避漢景帝諱云

大荒北經第十七

郭氏傳

東北海之外大荒之中河水之間附禺之山帝顓頊與九嬪葬焉此皆殊俗義所作冢爰有鵄久文貝離俞鸞鳥皇鳥大物小物言備有也有青鳥琅鳥玄鳥黃鳥虎豹熊羆黃蛇視肉璿瑰瑤碧皆出衛於山在其山邊也丘方圓三百里丘南帝俊竹林在焉大可為舟言舜林中竹一節則可以為船也竹南有赤澤水水色赤也名曰封淵封亦大也有三桑無枝皆高百仞丘西有沈淵顓頊所浴

有胡不與之國一國復名耳今胡夷語皆通然烈姓黍食

大荒之中有山名曰不咸有肅慎氏之國今肅慎國去遼東三千餘里穴居無衣衣豬皮冬以膏塗體厚數分用却風寒其人皆工射弓長四尺勁彊箭以楛為之長尺五寸青石為銅此春秋時隼集陳侯之庭所得矢也晉大興三年平州刺史崔毖遣別駕高會使來獻肅慎氏之弓矢箭鏃有似銅骨作者問云轉與海內國通得用此今名之為挹婁國出好貂赤玉豈從海外轉而至此乎後漢書所謂挹婁國是也有蜚蛭四翼翡室兩音有蟲獸首蛇身名曰琴蟲亦蛇類也有人名曰大人有大人之國釐姓黍食有大青蛇黃頭食麈今南方蚒蛇食鹿鹿亦麈屬也有榆山有鯀攻程州之山皆因其事而名物也大荒之中有山名曰衡天有先民之山有槃木千里

（音盤）有叔歜國（音昌感反一音觸）顓頊之子黍食使四鳥虎豹熊羆有黑蟲如熊狀名曰猎猎（或作猲音夕同）有北齊之國姜姓使虎豹熊羆

大荒之中有山名曰先檻大逢之山河濟所入海北注焉（河濟注海已復出海外入此山中也）其西有山名曰禹所積石有陽山者有順山者順水出焉

有始州之國有丹山（此山純出丹朱也竹書曰和甲西征得一丹山今所在亦有丹山丹出土穴中）

有大澤方千里羣鳥所解（穆天子傳曰北至廣原之野飛鳥所解其羽乃於此）

獵鳥獸絕羣載羽百車竹書亦曰穆王北征行流沙千里積羽千里皆謂此澤也有毛民之國其人面體皆生毛依姓食黍使四鳥禹生均國均國生役釆役釆釆一作來生脩鞈音如單袷之袷脩鞈殺綽人人名帝念之潛爲之國潛容用之爲國是此毛民

有儋耳之國任姓其人耳大下儋垂在肩上朱崖儋耳鏤畫其耳亦以放之也禺號子食穀北海之渚中言在海島中種粟給食謂禺彊也有神人面鳥身珥兩青蛇踐兩赤蛇名曰禺彊

大荒之中有山名曰北極天櫃音匱海水北注焉有神九首人面鳥身名曰九鳳又有神銜蛇操蛇其狀虎

首人身四蹄長肘名曰彊良亦在畏獸畫中

大荒之中有山名曰成都載天有人珥兩黃蛇把兩黃蛇名曰夸父后土生信信生夸父夸父不量力欲追日景逮之於禺谷禺淵日所入也今作虞將飲河而不足也將走大澤未至死于此渴死應龍已殺蚩尤又殺夸父上云夸父不量力與日競而死今此復云為應龍所殺死無定名觸事而寄明其變化無方不可揆測乃去南方處之故南方多雨言龍水物以類相感故也

又有無腸之國是任姓為人長也無繼子食魚繼亦當作脣謂膞腸也

共工臣名曰相繇相柳也語聲轉耳九首蛇身自環言轉旋也食于九土

（言貪殘也）其所歍所尼（歍，嘔，猶噴吒；尼，止也）即為源澤（言多氣力）不辛乃苦（言氣酷烈）百獸莫能處（言畏之也）禹湮洪水殺相繇（禹塞洪水內以溺殺之也）其血腥臭不可生穀其地多水不可居也（言其血膏滂流成淵水也）禹湮之三仞三沮（言禹以土塞之地陷壞也）乃以為池群帝是因以為臺（地下宜積土故眾帝因來在此共作臺）在崑崙之北有岳之山尋竹生焉（尋大竹名）

大荒之中有山名曰不句海水入焉有係昆之山者有共工之臺射者不敢北嚮（言畏之也）有人衣青衣名曰黃帝女魃（音如旱妭之魃）蚩尤作兵伐黃帝黃帝乃令應龍攻之

冀州之野（冀州中土也黃帝亦教虎豹熊羆以與炎帝戰于阪泉之野而滅之見史記）應龍畜水蚩尤請風伯雨師縱大風雨黃帝乃下天女曰魃雨止遂殺蚩尤魃不得復上所居不雨（旱氣在也）叔均言之帝後置之赤水之北（遠徙之也）叔均乃為田祖（主田之官詩云田祖有神）魃時亡之（畏見逐也）所欲逐之者令曰神北行（向水位也）先除水道決通溝瀆（言逐之必得雨故見先除水道今之逐魃是也）

有人方食魚名曰深目民之國盼姓食魚（亦胡類但眼絕深黃帝時姓也）

有鍾山者有女子衣青衣名曰赤水女子獻（神女也）

大荒之中有山名曰融父山順水入焉有人名曰犬

戎黃帝生苗龍苗龍生融吾融吾生弄（一作卞）明弄明生白犬白犬有牝牡（言自相配合也）是為犬戎肉食有赤獸馬狀無首名曰戎宣王尸（犬戎之神名也）

有山名曰齊州之山君山鬵山（音潛）鮮野山魚山有人一目當面中生一曰是威姓少昊之子食黍有繼無民繼無民任姓無骨子食氣魚（言有無骨人也尸子曰徐偃王有筋無骨）

西北海外流沙之東有國曰中輪顓頊之子食黍有國名曰賴丘有犬戎國有神人面獸身名曰犬戎

西北海外黑水之北有人有翼名曰苗民（三苗之民）顓頊

生驩頭驩頭生苗民苗民百姓食肉有山名曰章山大荒之中有衡石山九陰山洞野之山上有赤樹青葉赤華名曰若木生崑崙西附西極其華光赤下照地有牛黎之國有人無骨儋耳之子儋耳人生無骨子也西北海之外赤水之北有章尾山有神人面蛇身而赤身長千里直目正乘直目目從也正乘未聞其瞑乃晦其視乃明言視為晝眠為夜也不食不寢不息風雨是謁言能請致風雨是燭九陰照九陰之幽隱也是謂燭龍離騷曰日安不到燭龍何燿詩含神霧曰天不足西北無有陰陽消息故有龍銜精以往照天門中云淮南子曰長于委羽之山不見天日也

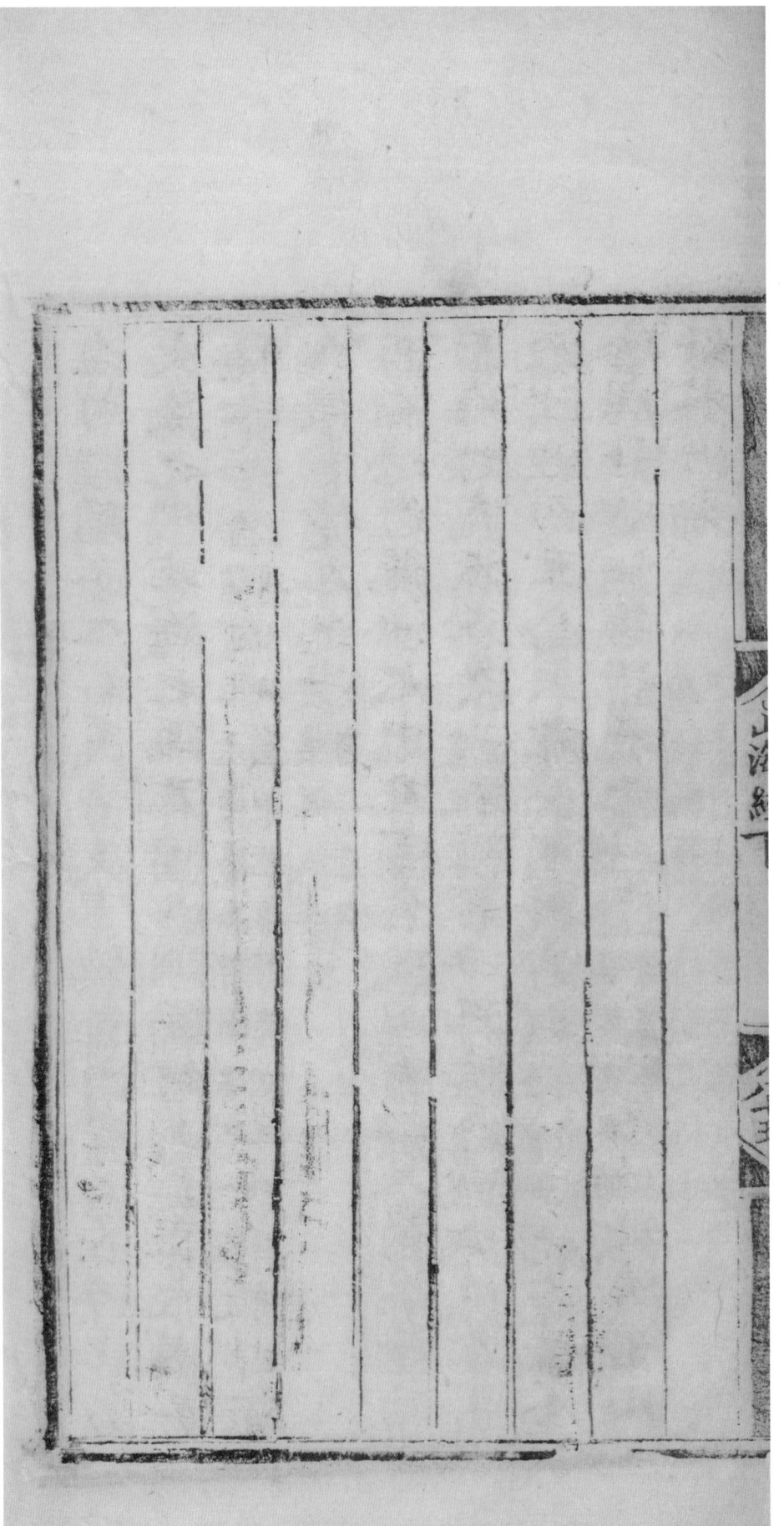

海內經第十八

東海之內北海之隅有國名曰朝鮮天毒其人水居朝鮮今樂浪郡也天毒即天竺國貴道德有文書金銀錢貨浮屠出此國中也晉大興四年天竺胡王獻珍寶偎人愛人偎亦愛也音隱隈

西海之內流沙之中有國名曰壑市音郝

西海之內流沙之西有國名曰氾葉音如汎濫之汎

流沙之西有鳥山者三水出焉三水同出一山也爰有黃金璿瑰丹貨銀鐵皆流于此中言其中有雜珍奇寶也又有淮山好水出焉

流沙之東黑水之西有朝雲之國司彘之國黃帝妻雷祖生昌意世本云黃帝娶于西陵氏之子謂之纍祖產青陽及昌意昌意降處若水生韓流竹書云昌意降居若水產帝乾荒乾荒即韓流也生帝顓頊韓流擢首謹耳擢首長咽謹耳未聞人面豕喙麟身渠股渠車輞言跰脚也天傳曰大如車渠豚止止足取淖子曰阿女生帝顓頊世本云顓頊母濁山氏之子名昌僕

流沙之東黑水之間有山名不死之山即員丘也華山青水之東有山名曰肇山有人名曰柏高柏子高仙者也柏高上下於此至于天言翱翔雲天往來此山也

西南黑水之間有都廣之野后稷葬焉其城方三百里蓋天下之中素女所出也離騷曰絶都廣野而直指號爰有膏菽膏稻膏黍膏稷言味好皆滑如膏外傳曰膏粱之子菽豆粱粟也百穀自生冬夏播琴播琴猶播殖方俗言耳鸞鳥自歌鳳鳥自儛靈壽實華靈壽木名也似竹有枝節草木所聚在此叢殖也爰有百獸相群爰處於此羣聚此草也冬夏不死

南海之内黑水青水之間有木名曰若木若水出焉樹赤華青有禺中之國有列襄之國有靈山有赤蛇在木上名曰蝡蛇木食言不食禽獸也音如耎弱之耎

有鹽長之國有人焉鳥首名曰鳥氏今佛書中有此人即鳥夷也有九丘以水絡之絡猶繞也名曰陶唐之丘陶唐堯號有叔得之丘孟盈之丘昆吾之丘此山出名金也尸子曰昆吾之金黑白之丘赤望之丘參衛之丘武夫之丘此山出美石神民之丘言上有神人有木青葉紫莖玄華黃實名曰建木百仞無枝有九欘枝回曲也音如斤斸之斸下有九枸根盤錯也淮南子曰木大則根擢音劬其實如麻似麻子也其葉如芒芒木似棠梨也大皥爰過言庖犧於此經過也黃帝所為言治護之也有窫窳龍首是食人在弱水中有青獸人面名曰猩猩能言

西南有巴國今三巴是大皞生咸鳥咸鳥生乘釐乘釐生
後照後照是始為巴人為之始祖有國名曰流黃辛氏即酆
氏也其域中方三百里其出是塵土言殷盛也有巴遂山澠
水出焉又有朱卷之國有黑蛇青首食象即巴蛇也
南方有贛巨人即梟陽也音感人面長臂黑身有毛反踵見
人笑亦笑唇蔽其面因即逃也又有黑人虎首鳥足
兩手持蛇方啗之
有嬴民鳥足音盈有封豕大豬也羿射殺之有人曰苗民三苗民也
有神焉人首蛇身長如轅大如車轂澤神也左右有首岐頭衣

紫衣冠旃冠名曰延維委蛇人主得而饗食之伯天下齊桓公出田於大澤見之遂霸諸侯亦見莊周作朱冠有鸞鳥自歌鳳鳥自儛

鳳鳥首文曰德翼文曰順膺文曰仁背文曰義見則天下和言和平也又有青獸如菟名曰𠟭狗音如朝菌之菌有翠鳥有孔鳥孔雀也

南海之内有衡山南嶽有菌山菌音芝菌有桂山或云衡山有菌桂桂員似竹見本草有山名三天子之都一本三天子之鄣

南方蒼梧之丘蒼梧之淵其中有九嶷山音疑舜之所葬在長沙零陵界中山今在零陵營道縣南其山九谿皆相似故云九疑古者總名

其地爲蒼梧也北海之内有蛇山者蛇水出焉東入于海有

五彩之鳥飛蔽一鄉漢宣帝元康元年五色鳥以萬數過蜀都即此鳥也名曰

翳鳥鳳屬也離騷曰駟玉虬而乘翳又有不距之山巧倕葬其西倕堯巧工也音瑞

北海之内有反縛盜械帶戈常倍之佐名曰相顧之

尸亦貳負臣危之類伯夷父生西岳西岳生先龍先龍是始

生氐羌氐羌乞姓伯夷父顓頊師今氐羌其苗裔也

北海之内有山名曰幽都之山黑水出焉其上有玄

鳥玄蛇玄豹玄虎黑虎名儵見爾雅玄狐蓬尾蓬叢也阻留反説苑曰蓬

狐文豹之皮

有大玄之山有玄丘之民言丘上人物盡黑也有大幽之國即幽

民也穴居無衣有赤脛之民膝已下正赤色

有釘靈之國其民從膝已下有毛馬蹄善走詩含神霧曰馬

蹄自鞭其蹄日行三百里

炎帝之孫伯陵伯陵同吳權之妻阿女緣婦同猶通言淫之

也吳權人姓名緣婦孕三年孕懷身也是生鼓延殳始為侯三子名也

殳音殊鼓延是始為鍾世本云毋句作磬倕作鍾為樂風作樂之曲制

黃帝生駱明駱明生白馬白馬是為鯀即禹父也世本曰黃帝生

（昌意昌意生顓頊顓頊生鯀）帝俊生禺號禺號生淫梁淫梁生番禺是始為舟（世本云共鼓貨狄作舟）番禺生奚仲奚仲生吉光吉光是始以木為車（世本云奚仲作車此言吉光明其父子共創作意是以互稱之）少皞生般（音班）般是始為弓矢（世本云牟夷作矢揮作弓矢一器作者兩人於義有疑此言般之作是）帝俊賜羿彤弓素矰（彤弓朱弓矰矢名以白羽羽之外傳曰白羽之矰望之如荼也）以扶下國（言令羿以射道除患扶助下國）羿是始去恤下地之百艱（言射殺鑿齒封豕之屬也有窮后羿慕羿射故號此名也）帝俊生晏龍晏龍是為琴瑟（世本云伏羲作琴神農作瑟）帝俊有子八人是始為歌儛帝俊生三身三身生義均義均是始為巧

倕是始作下民百巧后稷是播百穀稷之孫曰叔均是始作牛耕〔始用牛犂也〕大比赤陰〔或作音〕是始為國〔得封為國〕禹鯀是始布土均定九州〔布猶數也書曰禹敷土定高山大川〕炎帝之妻赤水之子聽訞生炎居炎居生節並節並生戲器戲器生祝融〔祝融高辛氏火正號〕祝融降處于江水生共工共工生術器術器首方顛〔頭頂平也〕是復土穰以處江水〔復祝融之所也〕共工生后土后土生噎鳴噎鳴生歲十有二〔生十二子皆以歲名名之故云然〕洪水滔天〔滔漫也〕鯀竊帝之息壤以堙洪水〔息壤者言土自長息無限故可以塞洪水也開筮曰滔滔洪水無所止極伯鯀乃以息石息壤〕

以塡洪水漢元帝時臨淮徐縣地踊長五六里高二文即息壤之類也不待帝命帝令祝融殺鯀于羽郊羽山之郊鯀復生禹開筮曰鯀死三歲不腐剖之以吳刀化為黃龍也帝乃命禹卒布土以定九州鯀績用不成故復命禹終其功

山[illegible]陰縣

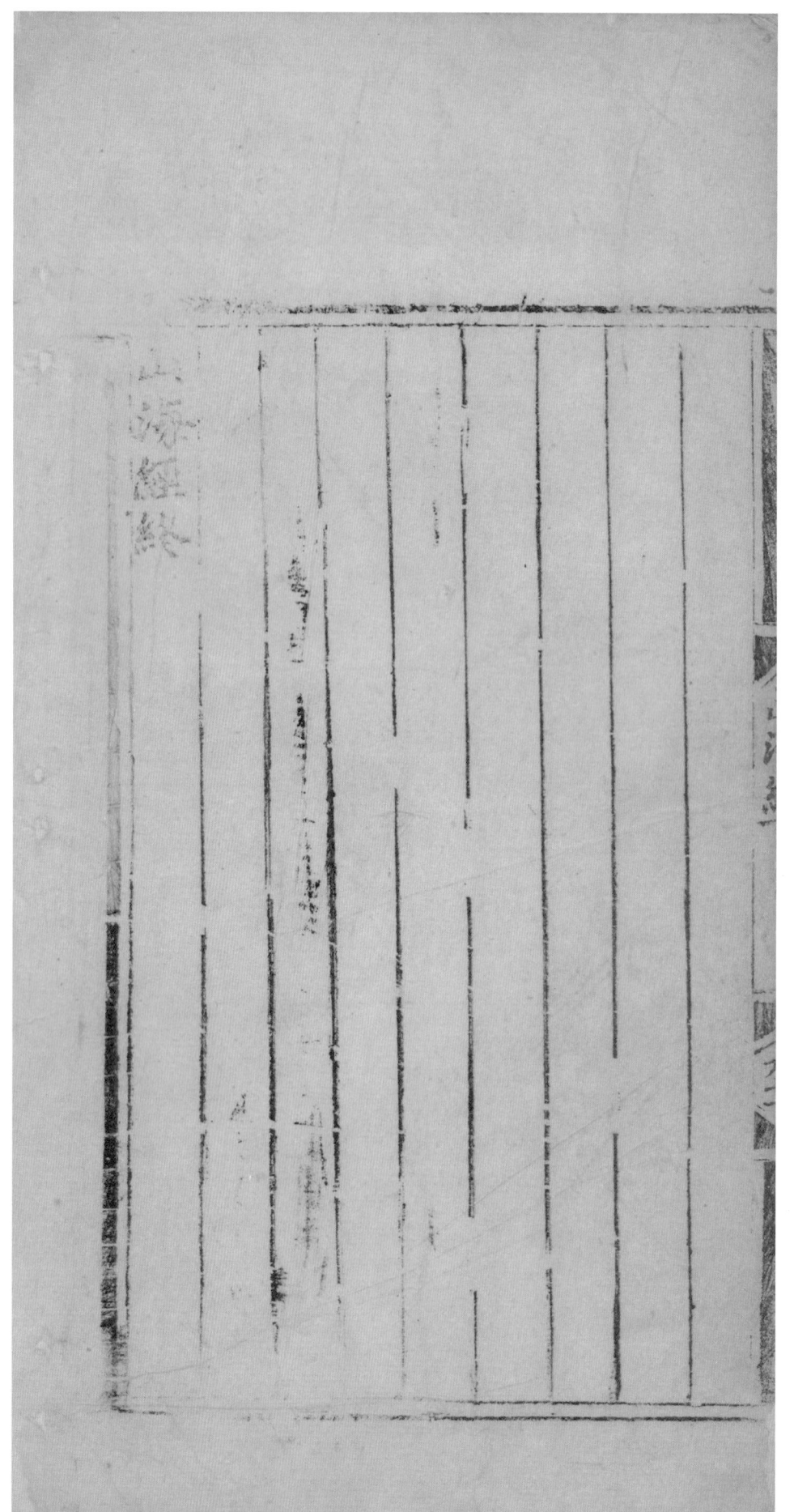

山海經十八篇世云夏禹爲之非也其閒或援啓
及有窮后羿之事漢儒云翳爲之亦非也然屈原
離騷經多摘取其事則其爲先秦書不疑也是書
所言多荒忽誕謾若不可信故世君子以爲六合
之外聖人之所不論以予觀之則亦無足疑也
方天地未奠之初彝倫故未始有序也獸蹄鳥跡
之道交於中國則人與禽獸未能有別也夫性命
之未得其正則賦形於天者不能一定其詭異固
宜遠夫天尊地卑而乾坤定於是手持足蹈以

為人戴角傅翼以為鳥獸類聚羣分始能有以自
別而聖人者出而君長之以為人者不特其形之如
是也又從而制為仁義禮樂以為之尸文俾之自
別於禽獸而人盖尊故夫人者其初亦天地之一
物而特靈者耳自今觀之凡若遂言之所言故多
恠誕自古觀之則理固有是而不足疑也是書所
載自開闢數千萬年遐方異域不可結知之事
盖自禹貢職方氏之外其辨山川草木鳥獸所
出莫備於此書又秦漢學者多引山海經茲固益

可信古書得存於今如是者鮮矣則豈不可貴且
重乎始予得京都舊印本三卷頗踈略繼得道藏
本南山東山經各自為一卷西山北山各分為上下
兩卷中山為上中下三卷別以中山東北為一卷海
外南海外東北海內西南海內東北大荒東南大
荒西大荒北海內經揔為十八卷雖編簡號為均
一而篇目錯亂不齊晚得劉歆所定書其南西北
東及中山號五藏經為五篇其文最多海內海外
大荒三經南西北東各一篇并海內經一篇亦揔

十八篇多者十餘簡少者三二簡雖若卷帙不均而篇次整比最古遂為定本予自紹興辛未至今三十年所見無慮十數本參校得失於是稍無舛訛可繕寫其卷後或題建平元年四月丙戌待詔太常屬臣望校治侍中光祿勳臣龔侍中奉車都尉光祿大夫臣秀領主省建平實漢哀帝年號是歲劉歆以欲應圖讖始改名秀而龔則王龔也哀帝時朝臣有兩名望者一則丁望一則蟜望而此疑為丁望云淳熙庚子仲春八日梁谿尤袤題